Max Sagemehl

Untersuchungen über die Entwickelung der Spinalnerven

Max Sagemehl

Untersuchungen über die Entwickelung der Spinalnerven

ISBN/EAN: 9783743611887

Hergestellt in Europa, USA, Kanada, Australien, Japan

Cover: Foto ©berggeist007 / pixelio.de

Manufactured and distributed by brebook publishing software
(www.brebook.com)

Max Sagemehl

Untersuchungen über die Entwickelung der Spinalnerven

Untersuchungen

über

die Entwickelung der Spinalnerven.

Inaugural-Dissertation,

zur Erlangung des Grades eines

Doctors der Medicin

verfasst

und mit Genehmigung

einer Hochverordneten Medicinischen Facultät der Kais. Universität zu Dorpat

zur öffentlichen Vertheidigung bestimmt

von

Max Sagemehl.

Ordentliche Opponenten:

Prof. Dr H. Emminghaus. — Prof. Dr. E. Rosenberg. — Prof. Dr. F A. Hoffmann.

Dorpat.

Druck von C. Mattiesen.

1882.

Meinen Eltern.

Allen meinen hochverehrten Lehrern an der hiesigen Hochschule, insbesondere jedoch Herrn Prof. Dr. Emil Rosenberg, der mich während meiner Studienzeit stets auf das Liebenswürdigste mit Rath und That unterstützte, sage ich meinen herzlichsten Dank.

Von der medicinischen Facultät der Universität Dorpat wurde für die Jahre 1879 und 1880 als Preisaufgabe die Frage aufgestellt: „sind die Spinalnerven ihrer ersten Anlage nach ein Derivat der Urwirbel oder nehmen sie ihre Entstehung vom Medullarrohr?" Um diese Preisaufgabe zu lösen, unternahm ich die Untersuchungen, über welche die vorliegende Schrift berichtet. Dieselbe enthält die der medicinischen Facultät eingereichte und von dieser des Preises würdig befundene Arbeit mit einigen Zusätzen resp. Veränderungen, zu denen die seither erschienene Literatur die Veranlassung gab.

Bei einer Durchsicht der recht zahlreichen Literatur über die Genese der Spinalnerven fällt der Mangel an Uebereinstimmung in den Angaben der einzelnen Autoren sofort auf. Es ist nicht einmal in der Hauptfrage, von welchem Keimblatt die Nerven abstammen, eine Einigung erzielt. Was die feineren Einzelnheiten betrifft, so gehen die Ansichten noch weiter auseinander.

Unter solchen Umständen war eine erneuerte Untersuchung, die sich auf die Hauptrepräsentanten der Wirbelthiere erstreckte, gewiss geboten. Durfte man doch hoffen, auf Formen zu stossen, an welchen die betreffenden Beobachtungen leichter anzustellen wären, als an den bis jetzt untersuchten Objecten, und in Folge dessen auch die Resultate eine grössere Garantie für ihre Richtigkeit bieten würden.

Bevor ich an eine Darlegung meiner Untersuchungen gehe, die im vergleichend-anatomischen Institut der hiesigen Universität ausgeführt wurden, sei es mir gestattet, einen Ueberblick über die Geschichte der uns interessirenden Frage zu geben.

Historische Einleitung.

Die älteren Embryologen machen über die erste Anlage der Nerven keine Angaben, die auf wirklicher Beobachtung beruhen. Selbst K. E. von Baer weiss über die erste Anlage der Spinalnerven nichts zu berichten. Es scheint ihm so schwer diese Frage zu entscheiden, dass er zweifelt „ob jemals die Beobachtung nachweisen könne, dass die Nerven in das Rückenmark hinein, oder aus diesem hervorwachsen[1].“ Doch glaubt er aus der Dicke und aus der nicht scharf begrenzten Form der Nerven in späteren Stadien der Entwickelung schliessen zu dürfen, dass sie sich durch histologische Sonderung an den Stellen bilden, wo sie später verlaufen[2]. „Dass die Nerven aus den sich bildenden Muskeln oder anderen Theilen in den Centraltheil hineinwachsen, ist mir ebenso unwahrscheinlich, als das Entgegengesetzte, da eine solche Entwickelung irgend eines Theils von einem Ende zum andern fort, so dass das eine Ende neuen Ansatz bekommt, mir sonst nirgends vorgekommen ist. Vielmehr scheint jeder Theil gleich ganz da zu sein und nur aus sich eine Entwickelung zu erfahren. Hiernach ist es wahrscheinlich, dass, sobald eine hinreichende Differenzirung in den Bauchplatten oder anderen Theilen da ist, um Nervenmasse von anderer Masse, sei es auch nur auf der untersten Stufe der Differenzirung, zu scheiden, der Nerv seiner ganzen Ausdehnung noch immer da ist und beide Enden hat, das centrale, wie das peripherische[3].“

Genauer beobachtet hat die erste Anlage der Nerven Remak. In zwei kleineren Vorarbeiten[4] und später in seinem berühmten Hauptwerke lässt er die Nerven aus einem Theil[5] der Urwirbel sich bilden, und zwar folgendermassen. Um den dritten Tag der Bebrütung haben die Urwirbel die Form von dreiseitigen Prismen, die mit ihren Basen an einander stossen und deren Seiten ventral an dem Darmdrüsenblatt, medial am Medullarrohr und dorsal und lateral am Hornblatt anliegen; im Centrum enthalten sie eine Höhle, die Urwirbelhöhle. Der erste Differenzirungsprocess,

---

1) l. l. p. 109.
2) l. II. p. 294.
3) l. l. p. 110. vergl. auch I. p. 84; II p. 93. ff. II p. 102.
4) 39. p. 478, 479 und 40.
5) In der ersten Arbeit aus dem Jahre 1843 liess Remak den ganzen Urwirbel zum Ganglion und zu den Nervenwurzeln werden. Später corrigirte er seine Anschauung über diesen Punkt.

der sich an ihnen bemerkbar macht, ist ein Selbstständigwerden der dorsalen und lateralen Wand, der Rückentafel. Um dieselbe Zeit wuchert das Gewebe der ventralen und medialen Kante des Urwirbels in dessen Höhle hinein und füllt sie ganz aus. Diese mit den ursprünglichen ventralen und medialen Wänden des Urwirbels verschmelzende Zellmasse nennt R e m a k die Urwirbelkernmasse. Am vierten Tage sondert sich der dem Medullarrohr anliegende Theil der Urwirbelkernmasse in zwei Partieen: eine proximale hellere und eine distale opakere. Aus der Ersteren entsteht das Ganglion sammt den beiden Wurzeln des Spinalnerven, während die Letztere die Anlage des Wirbelbogens vorstellt [1]). Die Verbindung der Nerven mit dem Rückenmark ist eine secundäre. Wie der periphere Theil der Nerven, namentlich die Hautnerven, entstehn, ob durch Auswachsen der ersten Anlagen des Nervenstamms, oder durch Sonderung aus den Geweben des mittleren Keimblattes, hat R e m a k nicht entscheiden können; doch hält er Letzteres für wahrscheinlicher [2]).

Diese Lehre von der Bildung der Nerven war bis vor wenigen Jahren die herrschende, und ist auch in die meisten anatomischen und entwickelungsgeschichtlichen Handbücher übergegangen.

Als Gegner dieser Lehre traten im Jahre 1857 B i d d e r und K u p f f e r [3]) auf. In ihrer Arbeit über die Textur des Rückenmarks berichten sie, dass die vordere Wurzel der Spinalnerven in einem Schaafembryo von $3\frac{1}{2}'''$ als ein Bündel zartester Fasern erscheint, das aus den ventralen und lateralen Partien des Rückenmarks austritt und die Wirbelanlagen durchsetzt. Da die Nervenfasern nach ihren Beobachtungen nicht durch Verschmelzung längsgeordneten Zellen entstehen, so bleibt nur die Annahme übrig, dass die Fasern Ausläufer von Nervenzellen sind, die in centrifugaler Richtung wachsen. Auch für die hintere Nervenwurzel wird eine ähnliche Entstehung wahrscheinlich gemacht. Das Spinalganglion soll bestimmt durch Differenzirung aus den dem Rückenmark anliegenden Theilen des Urwirbels entstehen.

Dieser Ansicht schloss sich K ö l l i k e r [4]) an, auf Grund von Beobachtungen über die Bildung von Nerven in der Schwanzflosse der Batrachierlarven, die er schon früher gemacht [5]), aber anders gedeutet hatte.

Sowohl R e m a k, als auch B i d d e r und K u p f f e r nahmen eine secundäre Verbindung der unabhängig von einander angelegten Centralorgane des Nervensystems mit den peripheren Endorganen desselben, den Muskeln und den Sinneszellen, an. Da eine solche Auffassung vom Standpunkt des Physiologen schwer verständlich erscheint, so war es nur natürlich, dass Versuche gemacht wurden, eine andere Entstehung der Nerven wahrscheinlich zu machen.

1) 41. p. 41, 42.
2) 41. p. 79. 80 Anmerk.
3) 9. p. 100, 101, 108, 116.
4) 32. p. 335—336.
5) 31. p. 102 fl.

Es war H e n s e n, der in einer Arbeit aus dem Jahre 1864 [1]) betonte, dass alle Schwierigkeiten, namentlich die Annahme einer secundären Verbindung von Zellen des Medullarrohrs mit Zellen des Hornblatts, vermittelst Elementen, die dem mittleren Keimblatt angehören, umgangen werden könnten; wenigstens für den Nervus acusticus. In einem früheren Stadium der Entwickelung liegt nämlich beim Hühnchen das noch weit offene Gehörbläschen dem ebenfalls offenen Medullarrohr dicht an, so dass beide durch einen zwischen ihnen liegenden Theil des Hornblattes continuirlich mit einander verbunden sind. Nun, meint H e n s e n, wäre es möglich, dass der Acusticus „innerhalb der Zellen des Hornblattes" entstehe und erst später in Gewebe, die dem Mesoderm angehören, sich bette. In einer etwas späteren Mittheilung [2]) führt H e n s e n eine schon in der ersten Arbeit angedeutete Hypothese weiter aus. Er nimmt an, dass schon in den frühesten Zeiten sämmtliche Zellen sowohl des Hornblattes, als auch des mittleren Keimblattes durch feinste Fortsätze mit einander verbunden sind. Auch die Elemente dieser beiden Keimblätter stehen in der sogenannten Axenplatte mit einander in Verbindung, so dass die späteren „Endzellen der Nerven zu keiner Zeit von den Ursprungsganglien getrennt sind, sondern durch einen Faden, den Nerven, stets in Zusammenhang bleiben". Wenn sich eine Zelle theilt, soll sich auch der Verbindungsfaden spalten, und auf diese Weise ein „unendliches Netzwerk von Fasern" entstehen. Später bleibt von diesem Netzwerk nur das übrig, was für den Organismus verwendbar ist; der Rest atrophirt.

Drei Jahre später versuchte H i s [3]) die Ganglien der Spinalnerven vom Hornblatt abzuleiten. An jungen Stadien von Hühnchen sieht er nämlich eine Verdickung des Hornblattes, welche die Gestalt einer Längsleiste hat, zwischen Medullarrohr und Urwirbel hineinragen. Bei der Untersuchung von Querschnitten älterer Embryonen erscheint das Hornblatt an der Stelle, wo diese Leiste lag, welche H i s den Zwischenstrang nennt, verdünnt; aber unter der verdünnten Partie des Hornblattes bemerkt er einen Haufen von Zellen, der einen dreieckigen Querschnitt besitzt, und den er für den vom Hornblatt abgelösten Zwischenstrang hält. Diese Zellmassen wuchern zwischen Medullarrohr und Urwirbel hinein und stellen die erste Anlage der Ganglien vor. Ueber die ventrale Wurzel macht H i s die gleiche Angabe wie B i d d e r und K u p f f e r; die Fasern der dorsalen Wurzel kämen entweder aus dem Medullarrohr oder den Ganglien.

Diese Anschauung, die H i s schon früher vertreten hatte [4]), allerdings ohne sie genauer zu begründen, fand ebenso wenig wie die H e n s e n'sche Hypothese grossen Anklang. Die meisten Autoren hielten an der R e m a k'schen Lehre fest, welche durch G ö t t e's Untersuchungen über die Entwickelung der Unke [5]) eine neue Stütze erhielt. Nach Angaben dieses Autors, sollen die Ganglien und Wurzeln der Spinalnerven bei

1) 21. p.176—185.
2) 22. p. 51—72.
3) 27. p. 78, 87, 117, 168—170.
4) 26. p. 7—9.
5) 20. p. 479—489, 532—535.

den Batrachiern durch Differenzirung in der „inneren Segmentschicht", dem medialen Theil eines jeden Urwirbels, sich bilden; und zwar entstehen dieselben nur aus dem mittleren Theil der inneren Segmentschicht, während die distalsten und die proximalsten Partieen derselben in lockeres interstitielles Bindegewebe verwandelt werden. Die Formelemente des peripheren Nervensystems, Ganglienzellen und Nervenfasern, bilden sich nach G ö t t e auf folgende Weise. Die Protoplasmaleiber der Embryonalzellen, welche die erste Anlage des zukünftigen Ganglion und der Nervenwurzel darstellen, verschmelzen zu einer Grundsubstanz, in welcher die Kerne der früheren Zellen erhalten bleiben. Um einzelne von diesen Kernen entstehen durch Differenzirung aus der Grundsubstanz neue „secundäre" Zellen, während der Rest der Kerne und der Grundsubstanz zu einer Art von Bindegewebe wird. Ueber die erste Bildung der Nervenfasern drückt sich G ö t t e nicht klar aus. Ein Mal (pag. 480) lässt er die Fortsätze der Ganglienzellen aus Kernen seiner Grundsubstanz entstehen, die sich spindelförmig strecken, und nachdem sie in feinste Fortsätze ausgelaufen sind, durch Anlegen an die Ganglienzellen und Verschmelzen mit denselben zu deren Nervenfortsätzen werden. Einige Seiten weiter (p. 482) sagt er: „ich muss annehmen, dass diese Fasern (Nervenfasern) ebenso wie in der weissen Masse des Rückenmarks, aus den mit einander verschmolzenen Leibern der Embryonalzellen ohne irgend welche Beziehung zu deren früherem Bestande sich differenziren."

Das war der Stand der Frage, wie sich die Spinalnerven und Ganglien bilden, als B a l f o u r in seiner vorläufigen Mittheilung über die Entwickelung der Selachier [1]) aus dem Jahre 1876 mit der Behauptung auftrat, dass bei diesen Fischen Gehirn- und Spinalnerven sammt ihren Ganglien aus dem Medullarrohr hervorwachsen. In dieser und zwei späteren ausführlichen Arbeiten [2]) beschreibt er den Modus der Entstehung folgendermassen: An der dorsalen Wand des Medullarrohres beginnt zu einer Zeit, wenn ans den dorsalen Theilen der Urwirbel sich schon die Muskelplatten gebildet haben, in dessen ganzer Länge vom Kopfe allmählig zum Schwanze fortschreitend eine leistenförmige Wucherung hervorzuwachsen. Den einzelnen Körpersegmenten entsprechend sendet diese continuirliche Leiste Fortsätze ab, die dem Medullarrohr dicht anliegend ventral und lateral wachsen und zwischen dasselbe und die Urwirbel dringen. Das sind die Anlagen der dorsalen Spinalnervenwurzeln und deren Ganglien. Anfangs heften sie sich am Medullarrohr vollkommen dorsal an, später werden ihre Ursprünge durch ein intensiveres Wachsthum des Medullarrohres in der dorsalen Mittellinie auseinandergedrängt und nun entspringen sie von den dorsalen und lateralen Theilen des Rückenmarks, wie bei den entwickelten Thieren. Die Theile der anfänglich continuirlichen Nervenleiste, welche zwischen den dorsalen Wurzeln liegen, lösen sich vom Medullarrohr ab und verwandeln sich in Commissuren, die in einem gewissen Stadium der Entwickelung die sensiblen Wurzeln dicht an ihrem Ursprung

---

1) 2. p. 348, 349.
2) 3. p. 175 f. und 4. Vol. XI. p 422—427.

mit einander verbinden sollen und die später spurlos verschwinden. Etwas später kann man an jeder Nervenanlage drei Stücke unterscheiden: ein dorsal gelegenes graciles — die spätere Wurzel; ein mittleres verbreitetes — das Ganglion; und ein ventrales — den Nervenstamm. Die ventralen Nervenwurzeln erscheinen viel später als die dorsalen in Gestalt von zelligen Fortsätzen der ventralen und lateralen Theile des Medullarrohres, anfänglich ganz ausser Zusammenhang mit den sensiblen Wurzeln Ueber die Histiogenese der Nervenfasern macht B a l f o u r keine näheren Angaben, doch lässt er sie auf jeden Fall aus umgewandelten Zellen sich bilden.

Im selben Jahre wurde im Wesentlichen derselbe Entwickelungsmodus der Spinalganglien von H e n s e n an Säugethierembryonen (Kaninchen) beobachtet[1]) und auch von S c h e n k für Torpedo marmoratus und für die Kröte bestätigt[2]).

Sehr bald konnte M i l n e M a r s h a l l[3]) auch für das Hühnchen die Angaben B a l f o u r's bis auf einige geringe Einzelheiten bestätigen. Beim Hühnchen. wuchert in der dorsalen Mittellinie des Medullarrohres — wenigstens im Kopftheile und im vorderen Rumpfabschnitte — eine Nervenleiste, von welcher im distalen Theile eines jeden Körpersegments paarige Fortsätze entspringen. die zuerst zwischen Hornblatt und Medullarrohr liegen, später aber zwischen das letztere und die Muskelplatten der Urwirbel hineinwuchern. Etwas später wachsen auch die ventralen Wurzeln der Spinalnerven aus der Medulla heraus. Die Anlagen der Gehirnnerven unterscheiden sich nur durch Massigkeit, frühzeitiges Auftreten und — übereinstimmend mit B a l f o u r's Angaben — das vollkommene Fehlen der ventralen Wurzeln. Das spätere Schicksal dieser Anlagen, bis zur Ausbildung eines unzweifelhaften Ganglion konnte M i l n e M a r s h a l l nicht beobachten, da sehr bald ein Stadium eintrat, in welchem die Zellen derselben von den Zellen der umgrenzenden Theile des mittleren Keimblattes nicht gut unterschieden werden konnten.

In einer ein Jahr später erschienenen Arbeit[4]) beschreibt M i l n e M a r s h a l l genauer die Entwickelung der Gehirnnerven des Hühnchens. Die bemerkenswerthesten Resultate dieser Arbeit sind der Nachweiss, dass die Nervenleiste sich sehr weit proximal erstreckt — bis zu den Augenblasen; und dass die erste Anlage einiger Gehirnnerven sehr frühzeitig auftritt, nämlich noch vor dem vollkommenen Schluss des Medullarrohres an den betreffenden Stellen.

K ö l l i k e r in der zweiten Auflage der Entwickelungsgeschichte des Menschen[5]) bestätigt M a r s h a l l's Angaben für das Hühnchen, ohne Neues hinzuzufügen. Auch beim Kaninchen sieht er die ersten Anlagen einiger Gehirnnerven als massige Zellhaufen, die dem Medullarrohr dicht anliegen und mit demselben verbunden sind.

1) 23. p. 372—378.
2) 43. p. 13. ff.
3) 36. p. 491—515.
4) 37. p. 10—40.
5) 30 p. 600—614.

Für den mesodermalen Ursprung der Ganglien und Nerven trat in allerletzter Zeit noch Salensky ein. In seiner Arbeit über die Entwickelung des Sterlet [1]) leitet er die ersten Anlagen der dorsalen Wurzeln und Ganglien von Zellen ab, die zwischen Medullarrohr, Urwirbeln und Chorda liegen und dem Mesoderm angehören sollen. Aus ihnen lässt er sowohl die Spinalnerven, als auch die Skelettheile der Wirbelsäule entstehn. Die erste Anlage der ventralen Wurzel hat er nicht beobachten können; ebenso wenig macht er Angaben über die Histiogenese der Nervenfasern. Bei den Reptilien sollen die Spinalnerven, wie M. Braun beiläufig erwähnt [2]), in der Weise sich entwickeln, wie Balfour es für die Selachier angegeben hat.

Die letzte grössere Arbeit über die Entwickelung der Nerven ist eine Abhandlung von His [3]), in welcher derselbe seine alte Ansicht, nach welcher die Spinalganglien ohne Betheiligung des Medullarrohres aus dem Zwischenstrang des Hornblattes entstehen sollen, den Angaben der anderen Autoren gegenüber aufrecht erhält. Auch in Betreff der Entwickelung der Nervenwurzeln hält His an der von ihm schon früher vertretenen Anschauung von Bidder und Kupffer fest. — Als Beobachtungsobject diente das Hühnchen; doch glaubte er auch für Selachier, Teleostier (Lachs) und Säugethiere (Katze), von denen er einige Stadien zu untersuchen Gelegenheit hatte, denselben Entwickelungsmodus annehmen zu dürfen.

Um das oben Dargelegte noch einmal kurz zusammen zu fassen, so herrschen folgende Anschauungen über die Entwickelung der Spinalnerven:

1. Die Nerven sowohl als auch die Ganglien differenziren sich aus den Geweben des mittleren Keimblattes (K. E. v. Baer; Remak; Götte; Salensky).
2. Die Nerven (mit Bestimmtheit wird die Angabe in Betreff der ventralen Wurzeln gemacht) wachsen aus dem Medullarrohr heraus, während die Ganglien einen mesodermalen Ursprung haben (Bidder und Kupffer).
3. Die Nerven (sicher die der ventralen Wurzel) wachsen aus dem Medullarrohr heraus, die Ganglien verdanken ihren Ursprung den Theilen des Hornblattes, welche dem Medullarrohr jederseits anliegen (His).
4. Sowohl Nerven als auch Ganglien sind Wucherungen des Medullarrohres (Balfour; Hensen Marshall; Kölliker).

Auch über die Genese der Nervenfasern gehen die Meinungen der Autoren auseinander; während Bidder und Kupffer und His die Fasern für Ausläufer der Nervenzellen ansehn, lassen Balfour und Marshall dieselben durch Umwandlung von gestreckten und strangartig an einander gereihten Zellen entstehen, und Götte hält sie für Differenzirungsproducte einer homogenen protoplasmatischen Bildungssubstanz.

---

1) 12. 1. p. 179 und 187; 11. p. 339—342.
2) 10. p 239 und 11. p. 26.
3) 28. p. 455—480.

Das war der Stand der Frage, als ich mich an diese Arbeit machte. Da es als höchst unwahrscheinlich gelten musste, dass die Spinalnerven bei verschiedenen Wirbelthieren wirklich eine in fundamentalen Verhältnissen verschiedene Genese hätten, so konnten die Widersprüche in den Angaben der Autoren möglicherweise in der Beschaffenheit des Untersuchungsmaterials ihre Erklärung finden. Besonders erschien die Zahl der bis jetzt untersuchten Stadien von einem und demselben Thier eine relativ zu geringe.

Was die Wahl der zu untersuchenden Objecte betrifft, so leitete mich die Erwägung, dass bei den niederen Wirbelthieren die Entwickelung der Spinalnerven leichter zu eruiren sein würde, da wir erwarten können, dass gerade bei ihnen der ursprüngliche Entwickelungsgang weniger durch nachträgliche Modificationen verändert sei, als bei den höheren Formen der Vertebraten. Ueberdies ist es bekannt, dass die Formelemente bei niederen Wirbelthieren von Anfang an viel massiger sind und daher auch die sich abspielenden Entwickelungsvorgänge leichter beobachtet werden können.

Ich wählte daher als Hauptuntersuchungsobjecte den niedrigst organisirten Repräsentanten der Anamnia, welcher mir zugänglich war, das Neunauge, und für die Amnioten die Eidechse (Lacerta vivipara).

Die getroffene Wahl habe ich nicht zu bedauern gehabt; namentlich die Eidechse erwies sich als ein ausgezeichnetes Object zur Entscheidung der Frage über die Herkunft der Spinalnerven; auch das Neunauge bot, von allen von mir untersuchten Formen der Anamnia, noch den klarsten Befund.

Zur Revision der Angaben von Götte war es ausserdem erwünscht einen Batrachier zu untersuchen, und als das am leichtesten zu erlangende Object wurde der Grassfrosch (Rana temporaria) dazu verwandt. Ausserdem wählte ich den Hecht als Repräsentanten der Teleostier, über deren Nervenentwicklung bisher nur die ganz aphoristischen Bemerkungen von His vorlagen, und welche doch als niedrig organisirte Wirbelthiere manchen Aufschluss über die mich interessirende Frage versprachen. So interessant es auch gewesen wäre, die Balfour'schen an Selachiern und die Salensky'schen am Sterlet gemachten Beobachtungen zu revidiren, so musste ich darauf verzichten, da mir kein Material zur Verfügung stand.

Vom Amnioten war ausser der Eidechse auch das Hühnchen zur Untersuchung heranzuziehen, als das Object, an welchem bisher am meisten gearbeitet worden war, und über dessen Nervengenese doch noch so viele widersprechende Angaben existirten. Durch die Freundlichkeit von Herrn Prof. E. Rosenberg war es mir noch möglich einige Stadien der Entwickelung des Hundes zu untersuchen und feststellen zu können, dass die erste Anlage der Spinalnerven bei Säugethieren in derselben Weise verläuft, wie bei den anderen Amnioten.

I.

Die Entwickelung der Nerven beim Neunauge.

Die von mir zur Untersuchung benutzten Embryonen des Petromyzon Planeri wurden im Frühjahr 1880 auf dem Gute Brinkenhof bei Dorpat gezüchtet [1]). Die künstliche Befruchtung, welche auf die bekannte bei Fischen geübte Art vorgenommen wurde, gelingt sehr leicht. Da die Eier der Neunaugen während der ersten Zeit sehr empfindlich sind, und früher von mir angestellte Versuche, dieselben in flachen Schalen, bei täglichem Wechsel des Wassers zu halten, misslungen waren, so versuchte ich sie an Ort und Stelle zu züchten. Der befruchtete Laich wurde in Holzkasten, die sich oben öffnen liessen und deren Boden und 2 Seiten aus einem feinen Geflecht von Rosshaar, wie es zu Sieben benutzt wird, hergestellt war, in demselben Bache gezüchtet, in welchem die Neunaugen laichten. Achtzehn Tage nach der Befruchtung schlüpften die jungen Neunaugen aus, nachdem ein grosser Theil des Laiches (etwa $^3/_4$) zu Grunde gegangen war. Die ausgeschlüpften Jungen liessen sich ganz vortrefflich in grossen flachen Schalen halten. Etwa eine Woche nach dem Ausschlüpfen wurde den jungen Neunaugen feiner ausgewaschener Sand gegeben, in welchen sie sich vergruben und nun die bekannte unterirdische Lebensweise des Ammocoetes zu führen begannen.

Zur Conservirung von Furchungsstadien erwies sich eine Lösung von Ueberosmiumsäure von $^1/_2 \%$, welche ich etwa eine halbe Minute einwirken liess, als ganz vorzüglich. Für spätere Stadien war eine 1 % Lösung von Chromsäure, bei 3- bis 4-stündiger Einwirkung, noch immer das Beste. Bis zum 13. Tage nach der Befruchtung wurden die Embryonen mit der Eihülle in die Conservirungflüssigkeit gethan, da eine Ablösung derselben in so frühen Stadien nur äusserst schwer gelang. Die Eihülle schrumpfte stark zusammen und legte sich dabei so dicht an den Embryo an, dass sie

---

1) Das Bachneunauge pflegt bei uns in den letzten Tagen des April oder in der ersten Woche des Mai zu laichen. An geeigneten Stellen, in klaren schnell fliessenden Bächen mit steinigem Untergrund trift man es in Gesellschaften von 10 bis 20 Exemplaren an Steinen festgesogen. Die Männchen überwiegen in grosser Zahl; nach einer von mir vorgenommenen Zählung, die sich auf 150 Stück erstreckte, stellte es sich heraus, dass auf 7 bis 8 Männchen erst ein Weibchen kommt. Es wäre nur eine Wiederholung von schon Bekanntem, von August Müller und Kupffer und Heneke Beobachtetem, wenn ich den Vorgang der Befruchtung und die Ablage des Laiches schildern wollte.

später beim Schneiden der Objecte durchaus nicht störte. Vom 13. Tage an liessen sich die Embryonen ohne grosse Mühe mit feinen Scheeren und Nadeln aus den Eihüllen herauspräpariren. Die Objecte wurden in der von K l e i n e n b e r g empfohlenen Lösung von Haematoxylin gefärbt, sodann — ebenso wie die anderen von mir untersuchten Objecte — in der C a l b e r l a 'schen [1]) Modification der B u n g e 'schen Masse eingebettet und mit einem R i v e t 'schen von Prof. E. R o s e n b e r g modificirten Microtom in Serien von Schnitten von $\frac{1}{60}$ mm. zerlegt. Da die Zerlegung der ganzen Embryonen in Querschnitte wegen ihrer starck gekrümmten Gestalt Schwierigkeiten machte, so wurde stets nur eine kleine Region des Körpers, die Region der Vornieren, auf die Entwickelung der Spinalnerven untersucht [2]).

Das Centralnervensystem der Neunaugen wird, wie C a l b e r l a [3]) nachgewiesen hat, ebenso wie das Centralnervensystem der Teleostier, als eine solide Verdickung des Ectoderm angelegt, welche sich später von demselben ablöst und durch Auseinanderweichen der in der Mitte gelegenen Zellen einen Centralcanal erhält. Ich habe der Darstellung von Calberla nichts hinzuzufügen und kann mir daher eine Schilderung der Entwickelung des Medullarrohrs bei Petromyzon ersparen und gleich zur Entwickelung der Spinalnerven übergehn.

Die erste Anlage der peripheren Nerven sah ich bei Embryonen, welche 13 Tage alt waren nnd deren äussere Gestalt die Mitte hielt zwischen den von M. S c h u l z e in seiner bekannten Arbeit über die Entwicklung des Petromyzen Planeri [4]) auf Taf. III, Fig. 4 und 5 abgebildeten.

Einen Querschnitt aus diesem Stadium stellt Fig. 1 auf Taf. I. vor. Das einschichtige Hornblatt ist von dem Medullarrohr schon seit lange vollkommen abgelöst. Letzteres hat auf dem Durchschnitt eine ovale Gestalt und lässt in der Mitte den noch engen spaltförmigen Centralcanal erkennen. Es setzt sich zusammen aus grossen unregelmässig polyedrischen Zellen, welche ungefähr 0,036 mm im Durchmesser haben und 0,009 grosse rundliche mit Haematoxylin nur schwach sich färbende Kerne enthalten. Die Zellen des Medullarrohrs sind, ebenso wie die Zellen der übrigen Organanlagen, in diesem Stadium dicht mit Dotterplättchen angefüllt. Ventral vom Medullarrohr liegt die Chorda dorsalis und zu beiden Seiten die noch vereinigten Seitenplatten und Urwirbel.

Die Anlagen der einzelnen Organe lassen sich, obgleich sie aus fast vollkommen gleich gebildeten Zellen sich zusammensetzen, doch sehr deutlich von einander abgrenzen. In dem Winkel zwischen Medullarrohr, Hornblatt und der dorsalen Kante

---

1) Morpholog. Jahrbuch Bd. II. pg. 445 u. fg.
2) Aus der Zahl der angefertigten Praeparate sind 20 Schnittserien, die 15 Entwicklungsstadien des Neunauges entsprechen und zusammen 387 Praeparate enthalten, als Belegstücke für diese Untersuchungen aufbewahrt und der Sammlung des vergleichend-anatomischen Instituts einverleibt worden.
3) 12. p. 226—257.
4) 46.

der Urwirbel sieht man einen vom dorsalen und lateralen Theil des Rückenmarks ausgehenden Fortsatz liegen, der in dem abgebildeten Präparat links aus 2 und rechts aus 3 Zellen bestand. Die Lage dieser Fortsätze lässt 3 mögliche Arten ihrer Entstehung in's Auge fassen. Entweder sind die Fortsätze locale Wucherungen des Medullarrohrs, oder aber sie haben ihren Ursprung vom Hornblatt oder von den Urwirbeln genommen und sind erst später mit dem Centralnervensystem in Verbindung getreten. Dass sie nicht vom Hornblatt sich abgespalten haben, davon kann man sich leicht überzeugen. Das Hornblatt des Neunauges besteht immer aus einer einzigen Zellschicht und zeigt keinerlei Verdickung an der Stelle, wo es sich vom Medullarrohr 'zum Urwirbel hinüberspannt. Auch von den Urwirbeln stammen diese Fortsätze nicht ab. An einer Anzahl von Schnitten konnte ich auf das Deutlichste sehen, dass die dorsalen Kanten der Urwirbeln sich gar nicht so weit dorsal erstreckten um mit den erwähnten Fortsätzen in Berührung zu treten, dass vielmehr zwischen beiden eine mit einem Gerinnsel ausgefüllte Lücke bestand. Es bleibt also nur die Annahme übrig, dass diese Fortsätze aus dem dorsalen und lateralen Theil des Medullarrohrs herausgewachsen sind. Die betreffenden Wucherungen sind in diesem Stadium auf allen Schnitten zu sehen, und entsprechen daher einer dem Medullarrohr jederseits dorsal ansitzenden Leiste, welche lateral und ventral gerichtet ist. Milne Marshall, der eine ganz ähnliche Bildung beim Hühnchen beobachtet hat, nennt diese Leiste die Nervenleiste (neural ridge); doch scheint mir die Bezeichnung Ganglienleiste passender zu sein, da, wie ich im Nachfolgenden nachgewiesen zu haben glaube, diese Leiste einzig und allein die erste Anlage der Spinalganglien darstellt.

An einem Querschnitt, welcher einem 2 Tage älteren Embryo des Neunauges entnommen ist (Taf. I. Fig. 2) ist die Ganglienleiste weiter ventral gewuchert. Sie liegt jetzt den dorsalen Kanten der Urwirbel dicht an und hat schon begonnen sich zwischen die letzteren und das Medullarrohr hineinzudrängen. Zu gleicher Zeit ist sie jetzt, während sie früher nur aus einer Zellschichte bestand, 2- bis 3- schichtig geworden. Die Zellen, welche sie zusammensetzen, haben dieselbe Beschaffenheit wie in dem jüngeren von mir geschilderten Stadium, nur sind die Dotterplättchen nicht mehr so zahlreich. Gegen die Urwirbel lässt sich die Ganglienleiste, weil sie ihnen dorsal dicht anliegt und weil die Zellen dieser beiden Organanlagen fast ganz gleich aussehn, in diesem Stadium der Entwicklung nur schwer und nur an sehr günstigen Präparaten abgrenzen. An einzelnen Stellen zeigt sich die Ganglienleiste schon in diesem Stadium vom Medullarrohr abgelöst vergl. Fig. 2.

Am 17. Tage nach der Befruchtung hat der Embryo die Gestalt des von M. Schulze auf Taf. V Fig. 1 abgebildeten. Die Ganglienleiste ist an der Stelle ihres Zusammenhanges mit dem Medullarrohr stark verdünnt, und die ersten Zeichen eines Zerfalls in einzelne Spinalganglien treten an ihr auf. Während sie nämlich im proximalen Abschnitt eines jeden Körpersegments namentlich im Breitendurchmesser mächtiger entwickelt ist, erscheint sie im distalen Theil der Segmente und intersegmental schwächer ausgebildet.

3

Bei Embryonen, welche einen Tag älter sind und von denen einzelne um diese Zeit auszuschlüpfen beginnen, hat sich die Ganglienleiste schon vollkommen vom Medullarrohr abgetrennt; zu gleicher Zeit hat sie sich in die einzelnen Ganglien aufgelöst, welche lateral dem Rückenmark dicht anliegen und Gruppen von je 20—30 Zellen darstellen. In den Urwirbeln sind allmählich auch Differenzirungen eingetreten, so dass man sehr deutlich die Muskelplatten, in deren medialer Lamelle schon quergestreifte Muskelsubstanz sichtbar wird, von dem übrigen bindegewebigen Rest der Urwirbel, welcher Chorda und Medullarrohr umhüllt, unterscheiden kann. Intersegmental sind in diesem Bindegewebe je eine aus der Aorta entspringende Arterie und eine in die Vena cava mündende Vene eingebettet. Die Gefässe communiciren dorsal mit einander durch Schlingen, und zwar ist die intersegmentale Arterie mit der in dem zunächst distalen Raume gelegenen Vene verbunden. Letzteres Verhalten habe ich bei Betrachtung lebender Exemplare erkannt.

Während der folgenden Tage rücken die Ganglien noch weiter ventral, während zu gleicher Zeit die Muskelplatten dorsal wachsen und sich zwischen das Hornblatt und das Medullarrohr mit den Ganglien, welche demselben dicht anliegen, eindrängen. Die Figur 3 auf Taf. 1. stellt einen Querschnitt vor, welcher einem jungen 2 Tage alten Neunauge entnommen ist, und die Lage des Spinalganglion um diese Zeit wiedergiebt. Die Dotterplättchen in den Zellen des Ganglion sind fast vollständig geschwunden, und die Contouren der einzelnen Zellen sind undeutlich geworden, so dass es aussieht, als wären die grossen runden Kerne in einer homogenen protoplasmatischen Substanz eingelagert.

Am 4. Tage nach dem Ausschlüpfen sind die Spinalganglien, die eine Zeit lang ausser Zusammenhang mit dem Medullarrohr zu beiden Seiten desselben lagen, durch feine Fasern, welche aus den dorsalen lateralen Theilen des Rückenmarks in das Ganglion ziehen, in Verbindung getreten. Ob diese secundäre Verbindung an denselben Stellen statt hat, wo das Medullarrohr auch früher mit den Ganglien zusammenhing, oder ob die Stellen andere sind, kann, da unterdessen sämmtliche Organe eine andere Gestalt und Lagerung erhalten haben, nicht mit Sicherheit entschieden werden.

Auf mich macht es den Eindruck, wenn ich die Fig. 2 und 6 mit einander vergleiche, als wäre die Verbindungsstelle die alte. Diese unmessbar feinen in Haematoxylin sich kaum färbenden kernlosen Fasern sind die erste Anlage der dorsalen Wurzel des Spinalnerven. Die Ganglien haben um diese Zeit eine spindelförmige Gestalt und sind von einer feinen Hülle umgeben, welche nur die beiden Enden der Spindel, die Orte des Eintritts und des Austritts der Nervenfasern, frei lässt. — Wo diese Fasern herkommen war nicht möglich zu entscheiden, ich kann nur mit Bestimmtheit versichern, dass sie nicht aus Zellen sich bilden, die in toto in Fasern umgewandelt werden, vielmehr schon bei ihrem ersten Auftreten feinste zwischen den Zellen liegende Fäserchen sind.

Es scheint mir wahrscheinlich zu sein, dass die sensible Wurzel etwas früher da ist, als ich sie wahrnehmen konnte, und dass es nur die Schwierigkeit ist einzelne feinste Fasern zwischen den Zellen zu unterscheiden, welche sie der Beobachtung entzieht.

Einen Querschnitt von einem 5 Tage alten Neunauge, das etwa die Gestalt des von M. Schulze auf Taf. V. Fig. 3 abgebildeten hatte, stellt meine Fig. 6 auf Taf. I vor. Das Medullarrohr besitzt jederseits schon einen recht bedeutenden Beleg von weisser Substanz und das Epithel des Centralcanals lässt sich deutlich von der grauen Substanz des Rückenmarks unterscheiden. Der Centralcanal selbst hat nicht mehr die Gestalt eines weiten Spaltes: seine Seiten haben sich in der Mitte einander fast bis zur Berührung genähert, so dass er nur aus einem dorsalen und einem ventralen rundlichen Canal besteht, welche durch einen engen spaltförmigen Raum in Verbindung stehen. Die Muskelplatten sind so weit dorsal gewachsen, dass sie das Medullarrohr überragen, und ihre dorsalen Abschnitte haben sich zu gleicher Zeit derartig proximal geneigt, dass sie sich dachziegelförmig decken. In Folge dieser Anordnung sieht man auf einigen Schnitten jederseits 2 Muskelplatten; eine ventral gelegene zum grössten Theil auf dem betreffenden Schnitt sichtbare und ausserdem, von der ersten durch die intersegmentalen Gefässe getrennt, die dorsale Spitze der nächst distalen Muskelplatte. Das Rückenmark ist dorsal von einer Schicht Bindegewebe bedeckt, welche sich auf die Seiten desselben fortsetzt und in das Bindegewebe, das zu beiden Seiten der Chorda liegt, übergeht. In dieser bindegewebigen Scheide liegen die intersegmentalen Gefässe und die Wurzeln der Spinalnerven sammt den Ganglien. Und zwar ist die sensible Wurzel und das Ganglion in dem proximalen Abschnitt eines jeden Segments gelegen, während die motorische Wurzel ziemlich der Mitte der Segmente entsprechend ihren Ursprung vom Medullarrohr nimmt.

Die erste Anlage der ventralen Wurzel sieht man etwas früher, als die der dorsalen auftreten, sehr bald, nachdem die ersten Spuren der weissen Substanz als dünner Beleg von Längsfasern an den lateral-ventralen Theilen des Rückenmarks sichtbar geworden sind, und zu einer Zeit, wo in den dem Rückenmark zunächst gelegenen Theilen der Muskelplatte quergestreifte Muskelsubstanz sich zu bilden beginnt; in den vorderen Theilen des Rumpfes also etwa um den Tag des Ausschlüpfens der jungen Neunaugen. Die ventrale Wurzel stellt in diesem Stadium ein Bündel von noch nicht 0,003 mm. Duchmesser, welches aus feinen embryonalen Nervenfasern besteht, die genau das Aussehen der Fasern haben, wie sie um diese Zeit in der weissen Substanz des Rückenmarks vorkommen. Dieses Bündel lässt sich auf eine kurze Strecke in dem Bindegewebe, das zu beiden Seiten des Rückenmarks liegt, verfolgen. Fig. 4 illustrirt dieses Verhalten. Ob die motorische Wurzel in diesem Stadium, wie es den Anschein hat, die Muskeln noch nicht erreicht hat, oder ob ihre Fasern nur nach kurzem Verlauf nach allen Richtungen auseinander strahlen und sich dadurch in dem umgebenden Bindegewebe der Beobachtung entziehen, kann ich nicht entscheiden.

3*

Drei Tage später ist die Wurzel länger und etwas dicker geworden und lässt sich schon bis dicht an die Muskelplatte verfolgen; sonst sind an ihr, gegenüber dem vorhergehenden Stadium, keinerlei Veränderungen wahrzunehmen (vergl. Fig. 5).

Ich habe mich nicht mit Sicherheit überzeugen können, dass die dorsale und die ventrale Wurzel schon in diesem Stadium zur Bildung von gemischten Nervenstämmen zusammentreten, doch kann ich, da die Schwierigkeit, Nerven in dem umgebenden Bindegewebe deutlich zu unterscheiden, sehr gross ist, kein Gewicht auf diesen negativen Befund legen.

Noch unzweifelhafter, als bei der Entwickelung der sensiblen Nervenwurzel, habe ich mich an der motorischen überzeugen können, dass ihr keinerlei zellige Elemente vorausgehen, dass sie vielmehr von Anfang an als ein Bündel von feinen embryonalen kernlosen Nervenfasern auftritt. Schon Bidder und Kupffer (5 l. c.). geben einen solchen Modus der Entstehung der Nerven an, und in der letzten Zeit vertritt namentlich His (28 l. c.) diese Ansicht. Die Hauptvertreter der Anschauung, dass die Nervenfasern durch Umwandlung von Zellsträngen sich bilden, welche aus spindelförmigen aneinandergereihten Zellen bestehen, sind — wie schon in der Einleitung erwähnt wurde — Balfour (12 und 14) und Milne Marshall (15). Nach Angabe dieser Autoren sind die Nervenwurzeln in früheren Stadien der Entwicklung Zellstränge, welche ihrer Entstehung nach Fortsätze des Medullarrohrs sind.

In Betreff der dorsalen Wurzel sind die Angaben dieser beiden Autoren insofern erklärlich, als sie nur die zellige Anlage des Spinalganglion gesehen haben und vollständig übersehen haben, dass die Nervenfasern, welchen doch allein die Bezeichnung einer Nervenwurzel zukommen kann, zwar zwischen den Zellen des Ganglion auftreten, aber nicht durch directe Umwandlung eines Theils derselben.

Schwieriger ist es zu entscheiden, wodurch sich Balfour und Marshall haben täuschen lassen, als sie zu sehen glaubten, dass die ventrale Wurzel zuerst ein strangförmiger, aus Zellen bestehender Fortsatz des Medullarrohrs sei. Dass eine Täuschung vorliegt, ist wohl unzweifelhaft. His hat die Selachier auf diesen Punct nach Balfour untersucht, aber nichts finden können, was für eine solche Entstehung der Nerven spricht. Er konnte vielmehr nachweisen, dass auch bei den Selachiern die erste Anlage der motorischen Wurzel vom ersten Augenblick ihres Auftretens aus Fasern sich zusammensetzt. Dasselbe kann ich, wie ich schon hier bemerken will, gegen Marshall's Angaben auch für das Hühnchen bestätigen.

Kann es somit auch durch directe Beobachtung festgestellt werden, dass die Nerven von Anfang an faserig sind, so giebt doch die Beobachtung allein keinen Aufschluss über die Herkunft derselben.

Wenn man in Erwägung zieht, dass die Wurzeln der Spinalnerven ziemlich zugleich mit dem Erscheinen der weissen Substanz des Rückenmarkes auftreten, dass ferner die Fasern der peripheren Nerven und die Fasern der weissen Substanz vollkommen gleiche Beschaffenheit haben und dass man wenigstens, beim Hühnchen, die

Fasern der dorsalen Wurzel direct in die Fasern der Hinterstränge umbiegen sieht, so wird die Voraussetzung, dass sie eine gleiche Histiogenese haben, höchst wahrscheinlich. Es sind nun zwei Möglichkeiten der Entstehung vorhanden. Entweder entstehen die Nervenfasern an Ort und Stelle und sind Producte einer Differenzirung des Protoplasma oder der Intercellularsubstanz der Zellen, zwischen welchen sie liegen, oder aber es sind kernlose Ausläufer der Nervenzellen des Medullarrohrs und der Ganglien.

Die erste Möglichkeit, welche von Götte vertreten wurde, muss zurückgewiesen werden ; sie würde, selbst wenn man zugeben könnte, dass die weisse Substanz des Rückenmarkes und die Nerven verschiedenen Ursprung hätten, die Annahme voraussetzen, dass ein und dieselbe Nervenfaser an verschiedenen Stellen ihres Verlaufs von verschiedenen Keimblättern stamme. So würde zum Beispiel der Theil einer sensiblen Nervenfaser, welcher das Ganglion durchsetzt, ectodermalen Ursprungs sein, während sie in ihrem weiteren peripheren Verlauf vom Mesoderm abstammen würde, was ganz beispiellos wäre.

Es bleibt daher nur die Annahme übrig, dass die Nervenfasern Ausläufer der Nervenzellen sind; eine Annahme, die den Thatsachen der Entwickelungsgeschichte in keinem Puncte wiederspricht, und welche auch in dem Umstande eine Stütze findet, dass die Nerven auf der niedrigsten Stufe ihrer Ausbildung im Thierreiche, bei den Coelenteraten, wie O. und R. Hertwig nachgewiesen haben, Ausläufer von Nervenzellen sind.

Die Entwickelung der Spinalnerven des Hechtes.

Das Material, welches zur Untersuchung benutzt wurde, entstammte einer Laichportion, die im Anfang Mai 1879 in bekannter Weise künstlich befruchtet, und dann in flachen Schüsseln im vergleichend-anatomischen Institut bis zum Ausschlüpfen der jungen Hechte gezüchtet wurde. Die Pflege bestand in täglichem Wechsel des Wassers, sorgfältigem Abpinseln der Eier, um sie von den angesetzten Pilzen und dem anhängenden Schmutz zu reinigen und sofortiger Entfernung der erkrankten und todten Exemplare. Nach mehreren vergeblichen Versuchen mit Ueberosmiumsäure, Alkohol und Goldchlorid, ging ich zur altbewährten Chromsäure, als dem geeignetsten Erhärtungsmittel über. — Nachdem die Eier 12 Stunden in einer Lösung von 1% gelegen hatten, war die Eihaut starr genug um mit Nadeln und mit feinen Pinzetten gesprengt zu werden. Dann wurden die gehärteten Dotter mit den aufliegenden Embryonen zuerst in schwachen, später in stärkeren Alkohol übertragen. Für junge Stadien erwiesen sich die verschiedenen Färbemittel als ziemlich gleich gut; aus Gründen der bequemen Anwendung wurde meist alkoholische Eosinlösung benutzt. In Stadien, in welchen schon histiologische Differenzirungen eingetreten waren, ergab Haemotoxylinlösung sehr gute Resultate. Die Embryonen mussten vor dem Einbetten vom Dolter abgelöst werden, da derselbe zu hart geworden war um mit dem Embryo geschnitten zu werden. [1]).

Das Centralnervensystem der Teleostier bildet sich, wie zuerst Kupffer[2]) nachgewiesen hat, und wie später alle Beobachter bestätigen konnten, übereinstimmend mit dem Nervensystem der Cyclostomen und abweichend von dem der übrigen Wirbelthiere, als eine solide keilförmige Verdickung des oberen Keimblattes. Später löst es sich vom Hornblatt ab und erhält durch Auseinanderweichen der in der Mitte gelegenen Zellen einen Centralkanal.

Betrachten wir einen Querschnitt von einem Hechtembryo, welcher ein noch weites Dotterloch besitzt und welcher mit seinem hinteren Ende noch nicht über das Niveau der Keimhaut sich erhoben hat; eine segmentale Gliederung ist nur in dem vordersten Körperabschnitt desselben zu bemerken.

Die Anlage des Centralnervensystems hat im Querschnitt die Gestalt eines Dreiecks, das jederseits ohne scharfe Grenze in das Hornblatt übergeht, mit ventral gerichteter abgerundeter Spitze.

Die Zellen, welche diese Anlage zusammensetzen sind gestreckt, ungefähr 0,012 mm. lang und 0,007 mm. breit, mit grossen rundlichen Kernen, deren Durchmesser ca. 0,006 mm. beträgt; diese Zellen sind mit ihren längeren Durchmessern senkrecht zur Medianebene des Embryo gerichtet. Im dorsalen Theile der Anlage sind die Zellen etwas grösser und mehr abgerundet. Zu beiden Seiten der Medullarrohr-Anlage liegen die im Querschnitt dreiseitigen, von den Seitenplatten noch nicht getrennten Urwirbel, deren Zellen polyedrisch und grösser als die des Medullarrohres sind. An mehr proximal gelegenen Schnitten von demselben Embryo, welche späteren Stadien der Entwickelung entsprechen, sieht man, dass das Medullarrohr eine viereckige Gestalt angenommen hat, und dass zugleich sein Breitendurchmesser, besonders im dorsalen Theil, geringer geworden ist. Ich glaube mich überzeugt zu haben, dass diese Gestaltveränderung hauptsächlich durch Atrophie und Resorption von Zellen in den lateralen und dorsalen Theilen des Medullarrohres zu Stande kommt. An Schnitten, welche zwischen den eben geschilderten in der Mitte standen, sieht man nämlich jederseits zwischen der Anlage der Medulla und den Urwirbeln eine Zone, die aus spindelförmigen Zellen besteht, die den Zellen, welche das Medullarrohr zusammensetzen, an Gestalt und Grösse ganz gleich sind und sich nur dadurch auszeichnen, dass ihre Leiber von Eosin nicht gefärbt werden; auch ihre Kerne sind kleiner und färben sich weniger intensiv. Der übrige aus normalen durch Eosin intensiv gefärbten Elementen bestehende Theil des Medullarrohres hat eine annähernd viereckige Gestalt und hat so ziemlich dieselben Maasse, welche das Medullarrohr auf mehr proximal gelegenen Schnitten zeigte,

1) Von Entwickelungsstadien des Hechtes sind 12 Schnittserien mit 274 Präparaten aufbewahrt.

2) 35. p. 209 ff.

die keine Spur dieser lateralen blass gefärbten Zellzone wahrnehmen lassen. Diese Thatsachen lassen kaum eine andere Deutung zu, als die von mir oben vertretene; dass nämlich die Gestaltveränderung des Medullarrohres durch Atrophie der seitlichen Partieen desselben zu Stande kommt. Die Atrophie der lateralen Zonen erstreckt sich dorsal nicht bis zum zweischichtigen Hornblatt, welches in diesem Stadium sich vom Medüllarrohr abzulösen beginnt, sondern es bleibt von dem ursprünglichen Bestande des Medullarrohres ein kleiner demselben jederseits ansitzender flügelförmiger Fortsatz übrig, der auf allen Schnitten zu sehen ist und daher den Querschnitt einer lateral und dorsal dem Rückenmark aufsitzenden Längsleiste vorstellt. Diese Leiste ist die erste Anlage der Ganglien; die Zellen, welche sie zusammensetzten sind rundlich und haben durchschnittlich 0,006 mm. im Durchmesser, ihre Kerne sind 0,003—0,004 mm. gross.

Im vordersten Körperende des Embryo, welchem die oben mitgetheilten Schnitte entnommen waren, sieht man das Hornblatt vom Medullarrohr vollkommen abgelöst. Die continuirliche Ganglienleiste ist durch ventral und lateral gerichtetes Wachsthum grösser geworden, und fängt schon an, zwischen Medullarrohr und Urwirbel hineinzuwachsen. Während nun die Ganglienleiste zwischen Medulla und Urwirbel wuchert, löst sie sich in einzelne segmental gelegene Zellhaufen auf, die ihren Zusammenhang mit dem Medullarrohr vorläufig noch bewahren. Bei dieser Auflösung scheinen die um diese Zeit dorsal wachsenden intersegmentalen Gefässe eine Rolle zu spielen.

Um eine Zeit, wo der Schwanz am hintersten Ende des Embryo hervorzusprossen beginnt, in den Muskelplatten die ersten Spuren von quergestreifter Muskelsubstanz auftreten und das Medullarrohr zuerst einen Beleg von weisser Substanz wahrnehmen lässt, haben sich die Anlagen der Ganglien vom Medullarrohr abgetrennt und liegen nun zwischen dem letzteren und den Urwirbeln als dünne Zellstränge, welche an ihrem ventralen Ende in dem Winkel zwischen Chorda, Medullarrohr und Urwirbeln sich verbreitern. Die Zellen, welche dieselben zusammensetzen, sind kleiner geworden, als die Zellen der ursprünglichen Anlage, haben aber ihre rundliche Form beibehalten. Von den Muskelplatten sind die Anlagen der Ganglien um diese Zeit durch eine einschichtige Zelllage getrennt, welche von den Urwirbeln stammt und das Material liefert für das Bindegewebe, welches später die Chorda und das Medullarrohr umgiebt. Im hinteren Abschnitt des Embryo tritt die Anlage der Ganglien selbstverständlich viel später auf, als im vorderen, zeichnet sich aber im Uebrigen nur durch eine im Vergleich zum Medullarrohr bedeutendere Grösse und plumpere Gestalt aus. Während die Ganglienleiste in einem Stadium, wo sie zwischen Rückenmark und Urwirbel hineinzuwachsen beginnt, im vorderen Körpertheil ca. 0,03 lang und 0,018 breit ist, bei einem dorsoventralen Durchmesser des Medullarrohres von 0,12 und einem lateralen von 0,075, hat sie im hinteren Rumpfabschnitt in einem ähnlichen Stadium der Entwickelung annähernd dieselben Masse, bei einem Medullarrohr von 0.06 Höhe und eben so viel Breite. Da die erste Anlage der Ganglien hier viel deutlicher zu

24

•

seheu ist, als im vorderen Rumpftheil, so habe ich in Fig. 19 auf Taf. II. einen Querschnitt aus diesem Abschnitt abgebildet.

Um das erste Auftreten der Nervenwurzeln zu beobachten war der Hecht ein zu schwieriges Beobachtungsobject. Deutlich gesehen habe ich die Spinalnerven erst bei jungen eben ausgeschlüpften Fischchen. Das Rückenmark derselben war auf dem Querschnitte kreisrund und hatte jederseits einen Beleg von weisser Substanz von ca.. 0,012 Dicke; der Centralkanal desselben hatte die Gestalt eines engen Spaltes, welcher sich ventral zu einem auf dem Querschnitt kreisrunden Canal erweiterte. Das Rückenmark ist von allen Seiten, ausser der ventralen, wo es direct der Chorda aufliegt, von einer ziemlich dicken Schicht lockeren Bindegewebes umgeben. Sowohl diese Bindegewebsschichte, als auch die übrigen bindegewebigen Bestandtheile, die im Bereiche der Haut und des parietalen Muskelsystems sich finden, entstehen, wie ich mich überzeugt zu haben glaube, aus der peripheren Schicht der Urwirbel.

Die ventrale Wurzel stellt in diesem Stadium ein Bündel von 0,006 mm. Durchmesser, welches aus zartesten, unmessbar feinen Fäserchen besteht, die von Haematoxylin nur sehr schwach gefärbt werden, und zwischen denen einzelne Zellen von dem Aussehen der Bindegewebszellen liegen. Sie verlässt das Rückenmark an der lateral-ventralen Seite und zieht dann, nachdem sie sich mit der dorsalen Wurzel vereinigt hat, direct lateral zu der Muskelplatte. Die Fasern der motorischen Wurzel kann man noch eine Strecke weit durch die weisse Substanz hindurch in die graue Substanz des Rückenmarks verfolgen.

Die dorsale Wurzel ist ein noch dünneres Faserbündel als die ventrale. Sie nimmt ihren Ursprung von den lateral-dorsalen Theilen des Rückenmarks und verläuft dem letzteren dicht anliegend ventral, um sich mit der motorischen Wurzel zum gemischten Nervenstamm zu vereinigen. In ihrer histologischen Zusammensetzung unterscheidet sie sich von der motorischen Wurzel dadurch, dass sie viel zahlreichere längliche Zellen führt.

An der Vereinigungsstelle beider Wurzeln ist die sensible von einem Haufen grosser Zellen umgeben, welche ca 0,006 messende runde, mit sehr deutlichen Kernkörperchen versehene Kerne enthalten. Das ist das Spinalganglion.

Was aus den Zellen der Ganglienanlage wird, welche man in einem früheren Stadium der Entwicklung dorsal von diesem Ganglion zwischen Medulla und Urwirbel liegen sieht, ist mir nicht gelungen mit Sicherheit nachzuweisen. Es wäre möglich, dass sie eben die Zellen darstellen, die zwischen den Fasern der sensiblen Wurzel liegen; wahrscheinlicher scheint es mir jedoch, dass sie zu Grunde gehn. Die Zellen der dorsalen Wurzel — und ihre geringe Grösse und gestreckte Gestalt sprechen dafür — wären dann, ebenso wie die Zellen der ventralen, Bindegewebszellen, die aus der skeletogenen Schicht stammen. Ich vermuthe, dass diese Zellen das Material für die bindegewebigen Bestandtheile des Nerven abgeben; beobachtet habe ich es nicht.

Aus dem oben Dargelegten ist zu erschen, dass die Spinalganglien des Hechtes, ebenso wie die des Neunauges, Derivate des Medullarrohrs sind. Der Unterschied in der Bildung würde nur darin liegen, dass die Ganglien des Petromyzon erst nach der Ablösung des Medullarrohrs vom Hornblatt aus dem ersteren herauswachsen, während beim Hecht schon vor der vollständigen Ablösung ihre ersten Anlagen, als eine jederseits des Medulla dorsal und lateral aufsitzende Längsleiste, vorhanden sind.

Das erste Auftreten der Nerven habe ich, wie schon erwähnt, nicht beobachten können; doch liegt gar kein Grund vor zur Annahme, dass es anders erfolge als beim Neunauge.

Die Entwickelung der Spinalnerven des Frosches.

Von allen untersuchten Objecten hat mir der Frosch die meisten Schwierigkeiten bereitet. Die Pigmentirung des Zellprotoplasmas und die Gegenwart von zahlreichen Dotterplättchen in demselben trugen viel dazu bei, die Grenzen der einzelnen Zellen so undeutlich zu machen, dass der zellige Bau einzelner Organanlagen in frühen Stadien der Entwickelung nur aus dem Vorhandensein von zahlreichen Kernen erschlossen werden konnte, und es mir ganz verständlich wurde, wie Götte dazu geführt worden ist, eine protoplasmatische Grundsubstanz anzunehmen, aus welcher die ausgebildeten Gewebe durch Differenzirung entstehn sollen. Ein anderer Uebelstand lag in dem Umstande, dass die Zellen verschiedener Organanlagen in Grösse und Struktur einander so ähnlich waren, dass die Untersuchung bedeutend erschwert wurde. Dieses sind die Ursachen, welche es bewirkten, dass die hier mitgetheilten Beobachtungen eine sehr lückenhafte Reihe darstellen. Die zur Untersuchung benutzten Embryonen wurden, nachdem mehrere Versuche sie mit Goldchlorid und Chromsäure zu behandeln, bei jüngeren Stadien der Entwicklung wenigstens, misslungen waren, in der von Remak angegebenen Mischung von Kupfervitriollösung, Alkohol und Holzessig gehärtet. Gefärbt habe ich die Objecte mit Picrocarmin [1]).

Im vorderen Rumpftheil eines Embryo, dessen Medularrohr von dem zweischichtigen Hornblatt schon vollkommen abgelöst war, und welcher in seiner äusseren Gestalt dem von Remak in seinem grossen Werke (4) auf Taf. X Fig. 11 abgebildeten glich, sah man die erste Anlage der Ganglien. Dorsal von den Kanten der Urwirbel lag jederseits zwischen Medullarrohr und Hornblatt ein länglicher Haufen von Zellen, der dorsal und medial mit dem ersteren in Verbindung stand. Die Zellen, welche dieses Gebilde zusammensetzten, hatten in der Art der stärkeren Pigmentirung und der undeutlichen Abgrenzung gegen einander grosse Aehnlichkeit mit den Zellen des Medullarrohrs. Ventral liess sich dieser Zellhaufen gegen die Urwirbel, welche in diesem Stadium aus grösseren und locker an einander liegenden Elementen bestan-

---

1) Von 4 Entwickelungsstadien des Frosches wurden 10 Schnittserien mit 189 Präparaten aufbewahrt.

4

den, deutlich abgrenzen. Schwer zu trennen war dieses Gebilde dagegen, wenigstens auf einzelnen Schnitten, von der tieferen Schicht des Hornblattes. Da dieses jedoch nur an einzelnen Stellen stattfand, so stehe ich keinen Augenblick an, diesen Zusammenhang für ein Kunstproduct anzusehn. An weiter distal gelegenen Querschnitten aus demselben Embryo konnte man sich überzeugen, dass dieser Fortsatz des Medullarrohrs einer dorsalen und lateralen Wucherung des letzteren seine Entstehung verdankte. Nach dem Befunde bei anderen Wirbelthieren kann man wohl kaum in Zweifel sein, dass diese Fortsätze, welche auch beim Frosch auf allen Querschnitten zu sehen sind, einer dem Medullarrohr ansitzenden Leiste entsprechen und die Anlagen der Ganglien abgeben.

Betrachten wir einen Querschnitt von einem etwas älteren Embryo, der die erste Spur eines hervorsprossenden Schwanzes erkennen liess und welcher ungefähr dem von Remak auf Taf. X Fig. 12 abgebildeten entsprach. Die Ganglienleiste ist weiter ventral gewuchert, während zu gleicher Zeit die Urwirbel dorsal gewachsen sind und sich zwischen Ganglienanlage und Hornblatt geschoben haben. Noch ist in diesem Stadium — wenigstens auf einzelnen günstigen Schnitten — die Grenzlinie zwischen Ganglienleiste und den Urwirbeln deutlich zu sehn; sehr bald aber werden die Elemente dieser beiden Organanlagen einander so ähnlich, dass sie von einander nicht mehr abzutrennen sind. Da nun um diese Zeit die Ganglienleiste sich vom Medullarrohr noch nicht losgelöst hat, so sieht es aus, als wenn die zwischen dem letzteren und dem Hornblatt liegende Zellmasse, welche einzig und allein dem Urwirbel anzugehören scheint, dorsal und lateral mit dem Medullarrohr in Verbindung stände. Dieser Zustand bleibt lange bestehn. Erst an Embryonen welche in den Zellen der Muskelplatte der Urwirbel Muskelsubstanz entwickelt haben und welche in ihrer äusseren Form dem von Remak auf Taf. X Fig. 15 abgebildeten entsprechen, tritt eine Differenzirung in den zwischen Medulla und Hornblatt liegenden Zellmassen ein und sieht man zwischen Muskelplatte und Medullarrohr eine Schicht von grossen rundlichen Zellen liegen, die innere Segmentschicht von Götte. An Frontalschnitten kann man sich leicht überzeugen, dass diese Zellschicht vollkommen continuirlich ist. Mit dem Medullarrohr steht sie nicht in Zusammenhang. In späteren Stadien der Entwickelung, an eben ausgeschlüpften Kaulquappen, sieht man diese Zellschicht in einzelne segmental gelegene Zellhaufen, die Spinalganglien, aufgelöst, welche durch lockeres Bindegewebe von einander getrennt werden. Ich kann nicht mit Bestimmtheit angeben ob dieses Bindegewebe von der in früheren Stadien zwischen Muskelplatte und Medullarrohr gelegenen Zellschicht stammt, oder ob diese Schicht einzig und allein die Anlage der Spinalganglien ist, und das Bindegewebe, nachdem sich dieselbe in die einzelnen Ganglien aufgelöst hat, zwischen diese, zusammen mit den intersegmentalen Gefässen wuchert. Nach dem Befunde bei anderen Wirbelthieren möchte ich die letztere Annahme für wahrscheinlicher halten. Die Götte'sche „innere Segmentschicht" würde dann — wenigstens in dem zwischen Medullarrohr und Muskelplatte liegenden Theil — nichts anderes sein, als die Ganglienleiste und nur der ventrale Theil der inneren Segmentschicht würde der Urwirbelkernmasse der anderen Wirbelthiere homolog sein. Die Angaben von G ö t t e , dass die Ganglien aus der inneren Segmentschicht entstehen, wären nach dem oben Dargelegten dann vollkommen richtig, der Fehler würde nur in der Annahme liegen, dass der dorsale Theil dieser Segmentschicht mesodermalen Ursprungs sei.

Dass S a l e n s k y ebenfalls die erste Anlage der Spinalganglien übersehn haben muss, und erst ein relativ spätes Stadium gesehn hat, in welchem es, — wenigstens nach meinen Erfahrungen am Frosch, — in der That den Anschein hat, als ob die Ganglien sich aus den medialen Theilen der Urwirbel differenzirten, geht schon aus dem Umstande hervor, dass er sie zuerst bei 2 Tage alten Sterlets beobachtet haben will.

Was die Entstehung der Nervenfasern der dorsalen und ventralen Wurzel betrifft, so habe ich dieselben sehr bald nach dem ersten Auftreten von weisser Substanz an den lateralen Theilen des Rückenmarks wahrnehmen können. Auch am Frosch habe ich mich überzeugen können, dass sie von Anfang an faserig angelegt werden, und dass ihnen keinerlei zellige Bildungen vorangehn.

Die Entwickelung der Spinalnerven der Amnioten.

Von Amnioten habe ich am genauesten die Entwickelung der Spinalnerven bei der Eidechse verfolgt. Als Controllobject und um die Angaben von R e m a k , H i s und M i l n e M a r s h a l l zu prüfen, wurde das Hühnchen benutzt und durch die Freundlichkeit von Herrn Prof. E. R o s e n b e r g war ich in den Stand gesetzt, eine von ihm früher angefertigte Schnittserie eines Hundeembryo zu benutzen, an welchem die ersten Anlagen der Spinalganglien zu sehen waren. Da die Entwickelung der Nerven bei diesen drei Repräsentanten der Amnioten fast in gleicher Weise verläuft, so werde ich mich begnügen, dieselbe ausführlich bei der Eidechse zu schildern, und die beiden andern untersuchten Objecte nur dort zu erwähnen, wo sie Abweichungen von der Eidechse zeigen. Die Eidechsenembryonen wurden von mir Ende Mai 1879 trächtigen Weibchen entnommen. Zum Härten wurde ausschliesslich Chromsäurelösung von 1% benutzt, in welcher die Objecte 3—4 Stunden gelassen wurden. Jüngere Stadien färbte ich mit alkoholischer Eosinlösung; für ältere Stadien, in welchen schon histologische Differenzirungen in den Geweben aufgetreten waren, gab die K l e i n e n b e r g'sche Haematoxylinlösung ein vorzügliches Färbemittel ab. Die Hühnerembryonen wurden ebenfalls in Chromsäure gehärtet und dann mit Carmin (in Form von amoniakalischer Carminlösung und in Form von Picrocarmin) gefärbt; ebenso war der Hundeembryo behandelt worden. Da die Querschnitte, welche dem proximalen Theil eines Embryo entnommen waren, ein viel weiter fortgeschrittenes Stadium der Entwickelung boten, als die Schnitte aus dem distalen Theil, und ich

4*

mich leicht überzeugen konnte, dass die Art der Entwickelung der Nerven in den verschiedenen Rumpfregionen dieselbe war, so konnte ich mit Leichtigkeit verschiedene Stadien der Entwickelung vom selben Embryo erhalten [1]).

Die erste Anlage der Spinalganglien sah ich bei Eidechsenembryonen, welche im mittleren Rumpftheil einen noch rinnenförmigen, offenen Darmkanal besassen und an deren hinterem Ende eben die Allantois hervorzusprossen begann. Die Segmente, welche die erste Anlage der Ganglien enthielten, wiesen folgende Beschaffenheit auf: Das Hornblatt war überall von den unter ihm liegenden Organen scharf abgegrenzt: über dem Medullarrohr war es einschichtig, in den lateralen Partien verdickt und mehrschichtig. Das Medullarrohr hatte auf dem Querschnitt eine ovale Gestalt mit breiterem dorsalen Theil; der Centralcanal desselben war in dorso ventraler Richtung gestreckt und dorsal ebenfalls breiter als ventral. Die Urwirbel besassen eine deutlich ausgebildete Höhle, sonst war an ihnen keinerlei Zeichen von Differenzirung zu bemerken. Der Wolf'sche Gang hatte noch kein deutliches Lumen; ventral von ihm lagen die Anlagen der Quercanälchen, die verhältnissmässig sehr gross waren und eine bläschenförmige Gestalt hatten. Die beiden primitiven Aorten lagen einander dicht an, doch waren sie noch nicht zur secundären unpaaren Aorta verschmolzen. Die Zellen, welche das Medullarrohr zusammensetzen, waren spindelförmig gestreckt und mit ihren Längsdurchmessern senkrecht auf die Medianebene gestellt; ihre Kerne rundlich und durchschnittlich 0,007 mm. Dass die Zellen im dorsalen Theil des Medullarrohrs kleiner und von mehr rundlicher Gestalt gewesen wären, als die übrigen Zellen desselben, wie es Marshall im Kopftheil des Hühnchens gesehen hat, konnte ich bei keinem der untersuchten Amnioten wahrnehmen. Dorsal und etwas lateral sass dem Medullarrohr jederseits ein kurzer aus einer Zellreihe gebildeter Fortsatz an, der zwischen Hornblatt und Medullarrohr lag. Die Zellen, welche ihn zusammensetzen, waren länglich von ca. 0,012 mm. und enthielten grosse, sie fast ausfüllende Kerne, Fig. 7 Tab. II. illustrirt dieses Verhalten.

Auch bei den Amnioten sind diese Wucherungen des Medullarrohrs auf allen Querschnitten sichtbar und beweisen durch diesen Umstand, dass sie Durchschnitte einer dem Medullarrohr jederseits aufsitzenden, aus einer Zellschicht bestehenden Leiste sind, welche ventral und lateral gerichtet ist. Den unzweifelhaften Beweis dafür liefern Frontalschnitte. An solchen sieht man, dass zwischen Medullarrohr und Hornblatt eine continuirliche, meist einschichtige, aus locker aneinanderliegenden Zellen gebildete Schicht gelegen ist. welche eben die der Länge nach getroffene Ganglienleiste vorstellt.

Auf Querschnitten von demselben Embryo, die mehr proximalen Rumpfregionen entnommen sind, sieht man, dass die Ganglienleiste schon weiter ventral gewuchert ist und die dorsale Kante der Urwirbel bereits berührt, vergl. Fig. 8.

---

[1] Von 8 Entwickelungsstadien der Eidechse wurden 12 Schnittserien mit 331 Präparaten aufbewahrt.

Ich erwähnte eben, dass die Ganglienleiste in diesem Stadinm aus einer Zell-schicht besteht. Das gilt für die Mehrzahl der von mir untersuchten Eidechsen-embryonen; aber nicht für alle. An einem der Embryonen, der sonst nichts Ab-weichendes darbot, war die Ganglienleiste durch den ganzen Rumpf schon von Anfang an mehrschichtig und viel mächtiger entwickelt, als es sonst der Fall zu sein pflegt. Da die Ganglienleiste an diesem Embryo besonders deutlich wahrzunehmen war, und da dieses Object den gewiss höchst seltenen Fall einer individuellen Variation im embryonalen Alter darbot, so habe ich einen Querschnitt aus demselben in Fig. 10 abgebildet.

Nachdem die Ganglienleiste die dorsale Kante des Urwirbels erreicht hat, bleiben die intersegmental gelegenen Abschnitte im Wachsthum zurück, während die segmental gelegenen Theile derselben noch weiter ventral wachsen und sich zwischen die Urwirbel und das Medullarrohr hineindrängen. Die Urwirbel erfahren um diese Zeit ebenfalls Veränderungen; die dorsale und laterale Wand derselben beginnt nämlich, indem ihre Zellen sich spindelförmig strecken und sich mit ihren Längsdurchmessern senkrecht zur Urwirbelhöhle stellen, eine von dem Rest der Urwirbel verschiedene Beschaffenheit anzunehmen. Zu gleicher Zeit fängt die dorsale Kante der Urwirbel — also die Stelle an welche die lateral-dorsale Platte derselben zum medialen Theil umbiegt — dorsal zu wachsen und sich zwischen Ganglienleiste und Hornblatt zu schieben. Die Fig. 9 anf Taf. II, welche einen Querschnitt, von einem etwas älteren Embryo mit schon recht grosser Allantois darstellt, giebt dieses Verhalten wieder. Die segmentalen Fortsätze der Ganglienleiste reichen in diesem Stadium, wie aus dieser selben Abbildung ersichtlich ist, schon bis zum ventralen Drittel des Medullarrohrs; sie bestehen aus länglichen dicht an einander liegenden Zellen, welche sich von den Zellen der Urwirbel auf den meisten Schnitten noch sehr deutlich abgrenzen lassen. Der dorsal von den Urwirbeln zwischen Hornblatt und Medullarrohr gelegene Theil der Ganglienleiste hängt mit der Medulla noch zusammen und besteht aus sehr locker mit einander verbundenen mehr abgerundeten Zellen.

Während nun die lateral-dorsale Platte der Urwirbel, die später zur äusseren Lamelle der Muskelplatte wird, sich aufrichtet und mit ihrem dorsalen Umbiegungs-rande zwischen Hornblatt und Ganglienleiste dringt, sondern sich allmählich auch die der Urwirbelhöhle zunächst medial und ventral anliegenden Zellen der Urwirbel von dem Rest, welcher die Urwirbelkernmasse darstellt, ab und bilden die innere Lamelle der Muskelplatte. Die zwischen die Muskelplatten der Urwirbel und das Medullarrohr hineinragenden Fortsätze der Ganglienleiste haben sich, wie aus den Fig. 12 Taf. II. ersichtlich ist, unterdessen etwas verdickt und lassen sich ventral nicht mehr deutlich von den sie dort begrenzenden Zellen der Urwirbelkernmasse trennen. Ihre gestreckten Zellen gehen so allmählich in die runden Zellen der letzteren über, dass es ganz un-möglich ist anzugeben wo die Ganglienzellen aufhören und wo die Zellen, welche das Material zu den bindegewebigen Bestandtheilen der Urwirbel abgeben, anfangen.

Sehr instructiv sind Frontalschnitte aus diesem Stadium der Entwickelung. In Fig. 15 ist ein solcher abgebildet. · – Da der Embryo, von welchem dieser Querschnitt herstammt, in proximo-distaler Richtung stark gekrümmt war, so ist es verständlich, dass die auf dem Schnitt sichtbaren Segmente in verschiedener Höhe getroffen sind. — Und zwar sind die in der Mitte liegenden Segmente tiefer ventral getroffen, als die proximal und distal an.beiden Enden des abgebildeten Objectes gelegenen. Man überzeugt sich an diesem Präparat, dass die zwischen Muskelplatten und Medullarrohr liegenden Anlagen der Spinalganglien dorsal noch mit einander in Zusammenhang stehen, während sie in ihren ventralen Abschnitten durch die intersegmentalen Gefässe getrennt werden. Offenbar sind es diese, die einzelnen Ganglien dorsal mit einander verbindenden Ueberbleibsel der ursprünglichen Ganglienleiste, welche von Balfour und Marshall als Nervencommissuren beschrieben worden sind; eine Bezeichnung, die ihnen durchaus nicht zukommt, da sie rein zellige Verbindungsstränge sind.

Eine in der Entwickelung noch weiter fortgeschrittene Ganglienanlage ist in Fig. 11 abgebildet. Der Querschnitt stammt von einem Embryo, welcher einen canalförmigen geschlossenen Darm besass, und an welchem die erste Anlage der Extremitäten sichtbar war. In diesem Stadium haben sich die Ganglien sowohl von dem Medullarrohr, als auch von einander vollkommen abgetrennt und liegen als ansehnliche Haufen von Zellen segmental zwischen Muskelplatte und Medullarrohr, doch ausser jedem Zusammenhang mit dem Letzteren. Die Zellen aus welchen sie bestehen sind gross, spindelförmig, dicht an einander gelagert und enthalten Kerne von 0,006 mm. Durchmesser. Gegen die Zellen der Urwirbelkernmasse sind die Ganglien jetzt wieder ganz deutlich abzugrenzen; die Zellen der ersteren sind nämlich nicht so dicht aneinander gelagert wie die Zellen der Ganglien, sondern durch feinfaserige Intercellularsubstanz, welche zwischen ihnen aufgetreten ist, getrennt. Auch haben sie ihre rundliche Form aufgegeben und sternförmige unregelmässig gezackte Gestalten angenommen.

Beim Hühnchen [1]) verläuft die Entwickelung der Spinalnerven ganz ebenso wie bei der Eidechse, nur habe ich einige Mal gesehn, dass die Ganglienleiste nicht allein segmental zwischen Urwirbel und Medulla hineinwucherte, sondern auch lange, aus einer Zellreihe bestehende Fäden zwischen je 2 Urwirbel entsandte. Diese intersegmentalen Zellstränge müssen eine ganz kurze vorübergehende Existenz haben; in späteren Stadien der Entwicklung waren sie jedenfalls spurlos verschwunden.

Auch beim Hunde verläuft die Entwickelung der Ganglien fast genau so, wie sie oben geschildert wurde, nur sind die Zellen der Ganglienanlage beim Hunde immer ausgeprägt spindelförmig und lassen sich daher von den Zellen der umgebenden Organanlagen leichter unterscheiden, als bei den beiden anderen Repräsentanten der

---

1) Von 4 Entwicklungsstadien des Hühnchens (2 bis 5 Tag der Bebrütung) wurden 6 Schnittserien mit 289 Präparaten aufbewahrt.

Amnioten. Die Fig. 16, 17 und 18 auf Taf. II stellen eine Reihe von Entwickelungsstadien der Spinalganglien des Hundes vor.

Meiner Darstellung stehen die Angaben von His gegenüber, welcher, wie schon in der Einleitung angegeben, die Ganglien des Hühnchens aus seinem Zwischenstrange entstehen lässt. Die leistenförmige Verdickung des Hornblattes, welche His als Zwischenstrang bezeichnet, habe ich bei allen drei von mir untersuchten Amnioten gesehen, muss aber entschieden in Abrede stellen, dass sie mit der Bildung der Ganglien in irgend welchem Zusammenhang steht. Bei der Eidechse sieht man zu einer Zeit, wenn das Medullarrohr mit dem Hornblatt noch in Verbindung ist, oder sich eben abgelöst hat, dass das letztere dort, wo es dem Urwirbel aufliegt, bedeutend mächtiger ist als über dem Medullarrohr. An der Uebergangsstelle des verdünnten Theiles in den dickeren, also dort wo das Hornblatt sich vom Medullarrohr zum Urwirbel hinüberspannt, springt es ventral in Gestalt einer leistenförmigen Verdickung zwischen beide Organe vor. Am schärfsten ist diese Verdickung ausgeprägt und am meisten springt sie vor zwischen den Segmenten. Dieser „Zwischenstrang" flacht sich noch vor dem ersten Auftreten der Ganglienleiste ab. Die letztere entsteht an einer ganz anderen Stelle, nämlich ein gutes Stück dorsal und medial von der verdickten Hornblattpartie und beweist schon durch diesen Umstand, dass sie mit dem His'schen Zwischenstrang nichts zu thun hat. Auch ist die Anlage der Ganglien schon um die erste Zeit ihres Auftretens immer sehr deutlich vom Hornblatt getrennt.

Beim Hühnchen bleibt der „Zwischenstrang" länger bestehen als bei der Eidechse. Um die Zeit, wenn die erste Anlage der Ganglien erfolgt, ist er noch deutlich zu erkennen, steht jedoch mit letzteren ebenso wenig in Zusammenhang, wie bei der Eidechse. Wenn man die von His in seinem grossen Werke auf Taf. X. fig. 7 gegebene Abbildung betrachtet, so kann es kaum zweifelhaft sein, dass er die Ganglienanlagen wirklich gesehen hat, und nur durch den Umstand, dass sie auf seinen Präparaten mit dem Hornblatt verbacken waren, verleitet worden ist sie von dem letzteren abzuleiten. Es scheint mir wahrscheinlich, dass an diesem Irrthum hauptsächlich die Ueberosmiumsäure schuld ist, welche von His ausschliesslich zur Härtung benutzt wurde. Die unangenehme Eigenschaft dieses Reagens, Verklebungen zwischen Organen zu bewirken und dadurch Continuität vorzutäuschen, wo keine vorliegt, ist in der letzten Zeit mehrfach hervorgehoben worden.

Die dorsale Wurzel bildet sich bei Eidechse und Hühnchen etwas später als die noch zu besprechende ventrale, und besteht schon bei ihrem ersten Auftreten aus einer Anzahl feinster Nervenfasern, welche segmental aus dem lateral-dorsalen Theil des Rückenmarkes austreten und das Ganglion durchsetzen. Ventral und lateral vom Ganglion vereinigen sich diese Fasern mit den Fasern der motorischen Wurzel zum gemischten Stamm der Spinalnerven. Während es mir beim Neunauge nicht möglich war mit Sicherheit zu entscheiden, ob die sensible Wurzel an derselben Stelle entsteht, wo der ursprüngliche Zusammenhang zwischen Medulla und Ganglion bestand, oder an einer anderen Stelle, gestattet der Befund bei Amnioten nur die letztere Annahme. Wenn man meine Fig. 8 und Fig. 14 mit einander vergleicht, so kann man kaum in Zweifel bleiben, dass die secundäre Verbindung des Spinalganglion mit dem Rückenmark vermittelst der sensiblen Wurzel ventral und lateral von dem Orte der primären Verbindung statt hat.

Von gewissem Interesse ist auch die Frage, ob die Fasern der sensiblen Wurzel aus dem Rückenmark in das Ganglion hineinwachsen oder ob das Umgekehrte statt findet. Dass bei der ausserordentlichen Kürze des Stückes der dorsalen Wurzel, welches zwischen Medulla und Ganglion gelegen ist, diese Frage nicht durch die Beobachtung entschieden werden kann, bedarf wohl kaum der Erwähnung. His (28) hält es aus theoretischen Gründen, die ich hier nicht näher erörtern will, für wahrscheinlicher, dass die sensible Wurzel aus dem Ganglion in die Medulla hineinwachse. Mir scheint es, wenn man den Umstand berücksichtigt (cf. Freud ¹), dass bei entwickelten Wirbelthieren unzweifelhaft Fasern der sensiblen Wurzel existiren, welche das Ganglion durchsetzen ohne mit den Zellen desselben in Verbindung zu treten, höchst wahrscheinlich, dass wenigstens diese Fasern aus dem Rückenmark hervorwachsen.

Noch auf einen Umstand will ich aufmerksam machen, der nicht ohne Interesse ist. Bei einem 4tägigem Hühnerembryo bestand jede dorsale Wurzel aus einer ganzen Reihe von Faserbündeln, die vom Rückenmark fast in der ganzen Ausdehnung des Segments entsprangen und die von den Nervenbündeln, welche zu den nächst proximalen und nächst distalen Spinalnerven gehörten nur durch ganz kleine Zwischenräume getrennt waren. An demselben Präparat konnte man mit grosser Deutlichkeit sehen, dass die Fasern der sensiblen Nervenbündel direct in die Fasern der Hinterstränge des Rückenmarkes umbogen.

Was die Entstehung der ventralen Wurzel betrifft, so war deren erste Anlage an Eidechsen-Embryonen zu sehen, deren Darm schon geschlossen war und welche die erste Anlage der beiden Extremitätenpaare zeigten. Bei Embryonen aus diesem Stadium, deren Rückenmark an den lateral-ventralen Theilen einen dünnen Beleg von weisser Substanz wahrnehmen liess, war die motorische Wurzel als ein dünnes Faserbündelchen von 0,004 mm. Dicke zu sehen, welches lateral-ventral aus dem Rückenmark seinen Ursprung nahm und sich eine ganz kurze Strecke weit in das Bindegewebe verfolgen liess. In Fig. 13. Taf. II. ist dieses Verhalten dargestellt. Bei einem etwas älteren Embryo war die ventrale Wurzel schon ein breiter Strang von 0,012 mm. Durchmesser, dem dorsal das grosse Spinalganglion dicht anlag und welcher sich weit in das Gewebe des mittleren Keimblattes hinein verfolgen liess. Sie bestand aus unmessbar feinen embryonalen Nervenfasern, zwischen welchen einzelne Zellen lagen, die vollständig mit den Zellen des umgebenden Bindegewebes in Grösse und Structur übereinstimmten. Der Annahme, dass diese Zellen von dem Medullarrohr herstammen, widerspricht schon der Umstand, dass letzteres wahrscheinlich noch vor der Entstehung

1) 39 p. 115 ff.

der motorischen Wurzel, jedenfalls aber zu einer Zeit, wo die motorische Wurzel noch ganz schwach ausgebildet ist und keine Zellen enthält, an den lateral-ventralen Theilen von einem Mantel weisser Substanz umgeben wird, der ein Herauswuchern von Zellen mit den Fasern nicht gestatten würde. Somit können diese Zellen, die wahrscheinlich das Material für die bindegewebigen Bestandtheile der Nerven abgeben, nur für Zellen des umgebenden Bindegewebes angesehen werden, welche entweder zwischen die Fasern der Nerven hineingewandert sind, oder beim Auswachsen dieser Fasern von ihnen eingeschlossen worden sind. Die Fig. 14. Taf. II. giebt ein Bild der ventralen Nervenwurzel in diesem Stadium der Entwickelung wieder.

Ganz ähnlich verläuft die Entwickelung der ventralen Nervenwurzeln beim Hühnchen, nur sind bei diesem Object von Anfang an in das Bündel der Nerven viel mehr Bindegewebszellen eingelagert als bei der Eidechse. Ich vermuthe, dass es der letztere Umstand war, welcher Marshall verleitet hat, für die motorische Wurzel des Hühnchens eine zellige Anlage anzunehmen. An Hühnerembryonen vom 4. Tage der Entwickelung sieht man jede einzelne ventrale Wurzel ganz ebenso, wie die dorsale aus einer ganzen Anzahl von Faserbündeln bestehen, welche auf eine grössere Strecke vom Rückenmark ihren Ursprung nehmen und dann fächerförmig convergirend zu einem Nervenstamm sich vereinigen. Ueber die Entwickelung der Nervenwurzeln bei Säugethieren besitze ich keine Erfahrungen, doch habe ich nach dem eben Dargelegten durchaus keinen Grund, die Angaben von Bidder und Kupffer (5), welche sie von Anfang an als Faserstränge aus dem Rückenmark hervorwachsen lassen, zu bezweifeln.

Um das allen Wirbelthieren Gemeinsame in der Entwickelung der Spinalnerven kurz zusammen zu fassen, so bilden sich zuerst die Anlagen der Ganglien, als ein jederseits in der ganzen Länge des Rückenmarks aus dem dorsalen und lateralen Theil desselben hervorwachsender leistenförmiger Fortsatz. Dieser Fortsatz wuchert zwischen Medullarrohr und Urwirbel hinein, und löst sich dann in die einzelnen, gewöhnlich in der Mitte der Segmente gelegenen, Ganglien auf. Die Ganglien trennen sich vom Medullarrohr ebenfalls ab und liegen nun eine zeitlang ohne jeglichen Zusammenhang mit dem letzteren zu beiden Seiten desselben. Die dorsale Nervenwurzel, welche den unterbrochenen Zusammenhang wiederherstellt, bildet sich erst später, höchst wahrscheinlich durch Auswachsen von Nervenfasern aus dem Medullarrohr; jedenfalls ist sie von Anfang an faserig. Das letztere gilt auch für die ventrale Wurzel, welche etwas früher als die dorsale sichtbar wird.

II.

An die mitgetheilten Thatsachen lassen sich einige allgemeine Betrachtungen knüpfen, die den Zusammenhang des centralen Nervensystems mit dem peripheren Theil desselben und die Beziehungen der Nerven zu ihren Endapparaten zum Gegenstand haben.

Gewiss nicht das geringste Verdienst der meisten neueren Arbeiten über die Genese des Nervensystems ist der sichere Nachweis, dass sowohl die Centralorgane, als auch die Spinalnerven und die nach deren Typus gebauten Gehirnnerven einen gleichen Ursprung haben. Die frühere Annahme, dass das Nervensystem, welches ja sowohl was den Bau als auch was seine Function betrifft, ein einheitliches System vorstellt, sich aus 2 heterogenen Theilen zusammensetzt, hat den Morphologen stets Schwierigkeiten bereitet. Eine solche Anschauung war ebenso gezwungen, wie etwa die, dass zwei Lappen derselben Drüse oder zwei Abschnitte desselben Muskels eine verschiedene Genese hätten. Soweit bekannt war, entstehen neue Organe immer durch morphologische und histiologische Differenzirung aus einfacheren Organen, welche ihrerseits wieder von den beiden Primitivorganen des Wirbelthierleibes, von dem Ectoderm und dem primären Entoderm abstammen; ein Beispiel, dass ein Organ durch Summirung zweier gesonderten Bestandtheile gebildet worden wäre, existirte ausser dem Nervensystem nicht. Es scheint mir eines der wichtigsten Resultate der neueren Arbeiten über die Entwickelung der peripheren Nerven zu sein, diese unwahrscheinliche Annahme durch den sicheren Nachweis, dass die spinalen Nerven und die nach demselben Typus gebauten Gehirnnerven Derivate des Medullarrohrs sind, beseitigt zu haben. Für den Grenzstrang des Sympathicus und die Ganglien desselben ist es wenigstens wahrscheinlich gemacht, dass sie von den Spinalnerven sich abspalten und daher ebenfalls indirect vom Medullarrohr herstammen. Balfour[1]) und Schenk und Birdsall[2]) überzeugten sich, jener an Selachiern, diese am Hühnchen und an menschlichen Embryonen, dass in frühen Stadien der Entwickelung die Ganglien des Sympathicus den Spinalganglien dicht anliegen und schlossen aus diesem Umstande, dass sie wahrscheinlich von letzteren abstammen. Ich selbst habe etwas Aehnliches an ganz jungen Exemplaren von Lota vulgaris gesehen. Auch

---

1) 4 Vol. XI p. 438, 439.
2) 44 p. 213—226.

hier lagen die Ganglien des Sympathicus den Spinalganglien dicht an, nur durch einige kleine Gefässe mit dem sie begleitenden Bindegewebe von ihnen geschieden.

Noch nicht erwähnt habe ich den Ramus lateralis des Vagus, der bei den meisten Anamnien existirt und welcher nach G ö t t e 's [1] Angaben bei der Unke ganz unabhängig vom übrigen Nervensystem aus einem verdickten Längsstreifen des Hornblattes sich bilden soll. S e m p e r [2] bestätigte dieses für Selachier. Gegen diese Angaben ist B a l f o u r [3] aufgetreten; er vermuthet, dass die beiden eben erwähnten Beobachter die erste Anlage der Seitenlinie für die erste Anlage der Nerven genommen haben. Der letztere soll sich nach B a l f o u r 's Angaben ebenso bilden wie alle anderen Nerven. In Folge von einigen Beobachtungen über diesen Gegenstand, welche ich am Hecht gemacht habe, muss ich mich B a l f o u r anschliessen. An Hechtembryonen vom Tage des Ausschlüpfens sehe ich auf Querschnitten jederseits dort, wo die dorsalen und die ventralen Massen der Seitenrumpfmuskeln zusammenstossen, das Hornblatt verdickt, ganz in der Weise, wie G ö t t e es bei der Unke abbildet. Nur bildet diese Verdickung beim Hecht keinen in der ganzen Länge des Thieres verlaufenden Streifen, sondern tritt nur segmental auf. Unter der verdickten Partie des Hornblatts konnte ich in diesem Stadium fast immer den quer durchschnittenen Seitennerven liegen sehen, welcher ganz bestimmt nicht vom Hornblatt abstammte. Wo dieser Nerv herkam, kann ich nicht angeben, doch scheint mir gegen die Annahme, dass er von Vagus aus gewachsen ist, kein triftiger Grund vorzuliegen.

Nach dem eben Erörterten glaube ich schon gegenwärtig als wahrscheinlich behaupten zu dürfen, dass, wo man auch immer im Wirbelthierkörper Ganglienzellen und Nervenfasern antrifft, dieselben immer Derivate des Centralnervensystems sind, und dass somit das ganze Nervensystem nicht nur physiologisch, sondern auch morphologisch und genetisch ein einheitliches Organ ist.

Es bleibt noch übrig zu betrachten, wie die Resultate dieser Arbeit zu der in der letzten Zeit so vielfach discutirten Frage sich stellen, ob der Zusammenhang der Nerven mit ihren Endorganen ein primärer oder ein secundärer sei.

Bevor ich daran gehe dieses zu erörtern, will ich einen kurzen historischen Ueberblick über diese Frage geben. Schon in der Einleitung wurde erwähnt, dass K. E. v. B a e r [1] annahm, die Nerven würden von Anfang an in Zusammenhang mit ihren sensiblen und motorischen Endorganen angelegt. Das dort angeführte Citat beweist dieses zu Genüge. Die späteren Autoren schlossen sich fast Alle dieser Ansicht an, doch war H e n s e n [5] der Einzige, der den Versuch machte, sich eine bestimmte Vorstellung über die Art und Weise zu bilden, wie dieser ursprüngliche Zusammenhang

---

1) 20 p. 331 und 672, 673,
2) 51 p. 398, 399.
3) 4 Vol. XI. p. 407. 413.
4) l. l. c.
5) 22. l. c.

zu denken sei. Seine geistreiche Hypothese ist ebenfalls schon in der Einleitung dargelegt worden. Noch in seiner letzten auf die Entwickelungsgeschichte der Wirbelthiere bezüglichen Arbeit hält Hensen [1]) aus theoretischen Gründen an dieser Anschauung fest: „keine Einrichtung vermag ich mir zu denken, welche die Nerven an ihr richtiges Ende zu leiten vermöchte, welche es z. B. bewirken sollte, dass stets die vordere Wurzel an Muskeln, die hintere an nicht muskulöse Organe gehe, dass keine Verwechslung eintrete zwischen den Nerven der Iris und denen der Augenmuskeln, zwischen den Aesten des Quintus und Acusticus oder Facialis. Dennoch finden wir solche Verwechselungen nicht."

Durch die Entdeckung der von Kleinenberg [2]) Neuromuskelzellen genannten Gebilde schien die Theorie eines primären Zusammenhauges zwischen Nervenzellen und Endorganen eine thatsächliche Basis zu erhalten. Kleinenberg fand, eine frühere Beobachtung Kölliker's [3]) bestätigend, dass einzelne Zellen des Ectoderm von Hydra an ihrer Basis sich in Fasern fortsetzten, die nichts Anderes waren als glatte Muskelfasern. Die betreffenden Zellen des Ectoderm waren nachweislich nicht contractil. „Alle Reize, die von aussen wirken, treffen den nicht contractilen Theil der Zelle direct und können nur durch seine Vermittelung auf die im Innern des Körpers ganz geschützt gelegenen contractilen Fortsätze übergehen. Diese Verhältnisse gestatten keine andere Auffassung, als die, in dem nach aussen gelegenen, nicht contractilen Zellkörper den Leitungsapparat für seine muskulösen Fortsätze zu erblicken, und die ganze Zelle als primitive Neuromuskelzelle zu bezeichnen. Es kann daher von einem besonderen Muskel- oder Nervensystem bei Hydra nicht die Rede sein; beide Systeme erscheinen in dieser niedrigen Ausbildungsform als untrennbare morphologische Einheit." [4]).

Die Neuromuskeltheorie, deren thatsächliche Basis von Eimer [5]) und von Beneden [6]) auch für andere Coelenteraten bestätigt werden konnte [7]), wurde, da sie zum ersten Mal Licht in das dunkle Gebiet des Verhältnisses vom Nerv- zum Endorgan zu werfen schien, von den meisten Morphologen mit Beifall aufgenommen. Von den vielen Forschern, welche diese Theorie weiter ausbildeten, will ich nur Gegenbaur [8]) anführen. „In den Neuromuskelzellen erscheinen die ersten Anfänge, der in höheren Zuständen in dem Zusammenhang von Ganglienzelle, Nervenfaser und Muskelfaser ausgesprochenen Einrichtung." „Nerven wie Muskeln erscheinen von diesem Ge-

---

1) 23. p. 373.
2) 29. p. 10. ff.
3) 33a. 2. Abth. Heft I.
4) 29. p. 26.
5) 14. p. 65—67.
6) 8. p. 548—551.
7) Auch F. E. Schulze ist im Allgemeinen geneigt, einen ursprünglichen Zusammenhang der Muskelfasern mit Ectodermzellen anzunehmen, obgleich es ihm bei den von ihm untersuchten Formen, bei Hydra, Cordylophora (47) und Sarsia tubulosa (48. p. 6.) nicht gelungen ist, mit Sicherheit einen solchen Zusammenhang nachzuweisen
8) 17. p. 40.

sichtspuncte aus als Producte der Sonderung einer und derselben Gewebeschicht, des Ectoderm. Damit wird zugleich ein physiologisches Postulat erfüllt, denn es ist völlig undenkbar, dass Nerv oder Muskel in ihren Elementen einmal gesondert bestanden, und dass der die Function beider bestimmende· Zusammenhang das Ergebniss einer späteren Verbindung sei." — Später haben O. und R. Hertwig auf Grund umfassender Untersuchungen des Nervensystems und der anderen Gewebe der Medusen [1]) eine Theorie aufgestellt, die mit der Hensen'schen Hypothese eine gewisse Aehnlichkeit zeigt. „Wir nehmen an, dass bei allen Metazoen das Ectoderm, aus welchem das animale Nervensystem mit seinen motorischen und sensiblen Endapparaten entstanden ist, ursprünglich sich aus einer einfachen Schicht gleichartiger Zellen zusammengesetzt hat, in der Weise, wie dies überall in den frühesten ontogenetischen Stadien der Fall ist. Wir nehmen ferner an, dass diese Zellen, wenigstens theilweise, schon frühzeitig durch Protoplasmafortsätze unter einander in Zusammenhang getreten sind und dadurch einen innigeren Zellenverband gebildet haben. Aus diesem Verband hat sich allmälig durch Arbeitstheilung zwischen den mit einander vereinigten Zellen ein Nervensystem primitiver Art entwickelt. Indem ein Theil der Zellen contractile Substanz ausschied, ein anderer an seiner Oberfläche mit Tastborsten ausgerüstet wurde, ein dritter endlich besonders zahlreiche Verbindungen einging, haben sich nach und nach im einschichtigen Ectoderm zwischen den einfachen Epithelzellen, die drei Elemente des Neuromuskelsystems, epitheliale Muskel-, Sinnes- und Ganglienzellen mehr oder minder gleichzeitig differenzirt. Hand in Hand damit haben sich ihre Protoplasmaverbindungen durch Bildung specifischer Nervensubstanz in einen Nervenfibrillenplexus umgewandelt. Als später das Ectoderm seine einschichtige Beschaffenheit verlor, sind von den drei genannten Elementen die Ganglienzellen zuerst aus dem Oberflächenepithel ausgeschieden und sind in die Tiefe gerückt."

Auch Balfour [2]) bestrebt sich, den von ihm gefundenen Modus der Entwickelung der Spinalnerven mit der Neuromuskeltheorie in Einklang zu bringen. Ursprünglich, so speculirt er, differenzirte sich das Protoplasma einer Zelle in einen zur Aufnahme von Reizen geeigneten Theil, die Ganglienzelle und einen contractilen Theil, die Muskelzelle. Bei den Nachkommen der Thiere, welche eine solche Einrichtung besassen, wurde während der embryonalen Entwickelung, — vielleicht durch rapides Wachsthum sämmtlicher Organe — der Verbindungsfaden zwischen Ganglienzelle und Muskelzelle zerrissen. Nicht destoweniger erhielt sich in dem Fortsatz der Ganglienzelle die Tendenz zum Muskel zu wachsen und sich mit ihm zu verbinden. Bei noch weiteren Abkömmlingen wurde der Vorgang der Trennung, der ursprünglich verbundenen Muskel- und Nervenzellen, in ein immer früheres Stadium der Entwickelung verlegt, bis er bei den jetzt lebenden Wirbelthieren zu einer Zeit stattfindet, wenn noch sämmtliche Zellen ihren indifferenten Charakter besitzen.

1) 24. p. 170.
2) 4. Vol. XI. p. 428, 429.

Für einen secundären Zusammenhang haben sich nur H i s [1]), für sämmtliche Nervenzellen und Endorgane, und C l a u s [2]), für die Elemente des motorischen Apparates bei Acalephen, ausgesprochen. Leider haben diese beiden Forscher die Angelegenheit nicht genauer discutirt.

Durch die eben angeführten Untersuchungen ist es bewiesen, dass bei den Coelenteraten ein primärer Zusammenhang zwischen dem Nervensystem und seinen Endorganen besteht; ob dieser Umstand aber berechtigt, den Schluss zu ziehen, wie es namentlich die Gebrüder H e r t w i g [3]) gethan haben, dass auch bei Wirbelthieren dasselbe stattgehabt habe, scheint mir doch sehr zweifelhaft zu sein, besonders wenn man berücksichtigt, dass das Nervensystem der Wirbelthiere und das der Coelenteraten aller Wahrscheinlichkeit nach nicht homologe, sondern nur analoge Organsysteme sind, die sich vollkommen unabhängig von einander entwickelt haben.

Für die sensiblen Nerven macht es auch gar keine Schwierigkeiten, einen secundären Zusammenhang mit ihren Endorganen anzunehmen, seit man weiss, dass es sensible Fasern giebt, welche frei zwischen den Epithelzellen endigen. Ich will nur an die freien Nervenendigungen im Epithel der Cornea erinnern. Es wäre möglich dass bei den Vorfahren der Wirbelthiere sämmtliche sensible Nerven diese Art der Endigung besassen und sich erst nachträglich mit Epithelzellen verbunden haben.

Anders steht es für die motorischen Nervenfasern; hier ist eine solche Möglichkeit ausgeschlossen, da es nicht denkbar ist, dass ein motorischer Nerv, welcher sein Endorgan noch nicht erreicht hat, in irgend einer Weise functioniren könnte. Dennoch spricht der Umstand, dass das Nervensystem der Wirbelthiere ectodermalen Ursprungs ist, während die Musculatur von dem Mesoderm stammt, und daher aller Wahrscheinlichkeit nach ein Abkömmling des primären Entoderm ist [4]), zu Gunsten eines secundären Zusammenhangs. Denn bei Coelenteraten, die einen primären Zusammenhang von Nervensystem und Muskelsystem aufweisen, entwickeln sich die beiden Gewebe immer aus einem und demselben Keimblatt. Es wäre nicht schwer einige mehr oder minder gewagte Hypothesen aufzustellen, wie man sich trotz aller erwähnten Schwierigkeiten die secundäre Verbindung von Nerv und Muskel zu Stande gekommen denken könnte, doch würde, scheint es mir, solchen Versuchen, so lange nicht mehr Positives über die Histiogenese bei niederen Thieren bekannt ist, nur höchst zweifelhafter Werth beizulegen sein. Wie bei den anderen Fragen über die

1) 27. l. c.
2) 13. p. 28--30
3) 24. p. 162, 163.
4) Diese Anschauung darf jedenfalls in vollem Umfange für die Amamnia aufrecht erhalten werden. Seit K o w a l e w s k y (34) zuerst für den Amphioxus nachgewiesen hat, dass die Segmente aus dem Entoderm sich bilden, ist eine solche Entstehung durch die Arbeiten von B a l f o u r (4) Scott (49) Scott und Osborn (50) O. Hertwig (25) und andere, vielfach bestätigt worden. Weniger sicher ist sie für die Amnioten; vielmehr scheint bei diesen nach den, allerdings nicht übereinstimmenden, Angaben von Gasser (16) Kölliker (33) Wolff (53) und Balfour (7) zum mindesten eine Mitbetheiligung des Ectoderm bei der Bildung des Mesoderm statt zu haben.

Phylogenie der Organe und Gewebe, so lag es auch bei dieser sehr nahe, da die Vergleichung mit niederen Formen keine Auskunft gab, der Ontogenie des Nervensystems
der Wirbelthiere das entscheidende Wort zu geben. Diesen Weg versuchte auch
H e n s e n zu betreten nnd glaubte, durch Beobachtungen seine bekannte, hier schon
mehrfach erwähnte, Hypothese stützen zu können.

In seiner Arbeit über die Entwickelung des Meerschweinchens und des Kaninchens (13) beschreibt und zeichnet H e n s e n (in Fig. 38, 45, 47, 48, 51) feinste
Fibrillen, die er schon in sehr frühen Stadien der Entwickelung in dem Winkel zwischen Medulla, Hornblatt und Urwirbel gesehen hat und welche er für die von seiner
Theorie verlangten Zellfortsätze hält. Ich muss gestehen, dass ich dieses Netzwerk
von Fasern nicht allein an der von H e n s e n angegebenen Stelle, sondern auch in
der Lücke zwischen Chorda, Urwirbel und Entoderm, ja sogar in künstlich entstan-
denen Spalträumen z. B. zwichen der äusseren und der inneren Schicht des Hornblattes
beim Hechtembryo, sehr oft gesehn habe, dass ich jedoch dieses Faserwerk wegen
der auffallenden Aehnlichkeit mit Fibringerinnseln für nicht anderes halten kann als
für ein fibrilläres Coagulum.

Alle anderen Arbeiten über die Ontogenie des Nervensystems der Wirbelthiere
weisen, übereinstimmend mit meinen eigenen Befunden, auf das Unzweifelhafteste
darauf hin, dass der Zusammenhang der Nerven mit ihren Endorganen ein secundärer
ist. — Hiermit stimmen die Erfahrungen, die man über die Regeneration von durchschnittenen Nervenstämmen und Wiederherstellung der Leitung gemacht hat — und
die Regeneration erfolgt bekanntlich immer nach dem Typus der embryonalen
Entwickelung.

Doch glaube ich nicht, dass die Thatsachen der Ontogenie in diesem Falle ge-
nügen, um den Schluss zu ziehen, dass auch während der Phylogenie der Wirbelthiere
die Centralorgane des Nervensystems mit den peripheren Endorganen desselben secundär in Verbindung getreten sind. Der Satz, dass die Ontogenie einer Form die Phylogenie derselben wiederhole, hat eben nur im Grossen und Ganzen Geltung; im einzelnen kommen, wie F r i t z M ü l l e r (38) zuerst nachgewiesen hat, zahlreiche Abweichungen vor.

Es kommt nun darauf an, ein Kriterium zu haben um entscheiden zu können,
ob Grund vorliegt zur Annahme, dass die Ontogenie „gefälscht und verwischt sei ').“
Es ist klar, dass während der Entwickelung der Art jedes Organ zu jeder Zeit — mit
einziger Ausnahme der rudimentären Organe, welche eben schon ausgedient haben —
functionsfähig gewesen sein muss, dass Organe, welche erst in Zukunft functioniren
sollen, nicht existirt haben können. Wenn daher im Laufe der Ontogenie ein Stadium
angetroffen wird, in welchem ein bestimmtes Organ schon angelegt, aber vermöge
seiner Beschaffenheit nicht im Stande ist, irgend eine Function zu erfüllen, so ist der
Schluss gerechtfertigt, dass der Befund in diesem Stadium ein unverändertes Bild

1) 38. p. 77.

früherer Zustände nicht darbiete und daher keinen Rückschluss auf die phylogenetische Entwickelung dieses Organs gestatte. Gerade bei der Entwickelung der histiologischen Bestandtheile des Nervensystems findet aber so etwas statt. Die Anlage des Nervensystems hat in einem gewissen Stadium schon eine weit ausgebildete äussere Form, während sie nur aus indifferenten rundlichen Zellen besteht, welche keinerlei Verbindungen mit einander haben. Etwas später haben sich die Spinalganglien vom Medullarrohr abgelöst und liegen neben demselben, aber ohne mit ihm in irgend einem Zusammenhang zu stehen. Noch später sind auch schon Anlagen von motorischen Nerven aufgetreten, doch endigen dieselben eine Zeit lang frei in dem Gewebe des mittleren Keimblattes, ohne ihre Endorgane erreicht zu haben. Es bedarf keines Beweises, dass alle diese Stadien der Entwickelung, während welcher das Nervensystem in Folge seiner Structur functionsunfähig ist, nachträglich erworben sein müssen, und dass daher keine Schlüsse aus der Histiogenese des Nervengewebes während der Ontogenie auf die Entstehung der Gewebe desselben im Laufe der Phylogenie gezogen werden dürfen.

Wenn somit auch die Entwickelungsgeschichte keine Antwort auf die Frage giebt, ob der Zusammenhang zwischen Nerv und Endorgan ein primärer oder secundärer sei, so regt sie doch eine andere Frage an, die allgemeineres Interesse besitzt.

Ein recht bedeutungsvolles Ergebniss der meisten Arbeiten über die Entwickelung der peripheren Nerven scheint mir der Nachweis zu sein, dass die dorsalen und die ventralen Wurzeln der Spinalnerven gesondert angelegt werden und erst später zu gemischten Stämmen sich vereinigen. Es würde dieses ein Verhalten sein, welches darauf hinwiese — und andere Befunde weisen ebenfalls darauf hin —, dass die Vorfahren der Wirbelthiere zu einer gewissen Zeit getrennte dorsale und ventrale Nerven besessen haben, welche erst secundär zu gemeinschaftlichen gemischten Nervenstämmen verschmolzen sind.

Balfour [1] ist meines Wissens der einzige Autor, welcher aus diesem Verhalten der Nervenwurzeln während der Entwickelung allgemeine Schlüsse über die Phylogenie der peripheren Nerven gezogen hat. Ursprünglich, — vermuthet er — haben die cranio-spinalen Nerven der Wirbelthiere nur eine Nervenwurzel, die noch jetzt bestehende dorsale, besessen, die damals eine gemischte Function gehabt hat; die ventrale Wurzel wäre eine nachträgliche Acquisition.

Als Stützen für seine Ansicht führt er an:

1. Das frühere Auftreten der dorsalen Wurzel gegenüber der ventralen während der Ontogenie;

2. die Beschaffenheit der Gehirnnerven, welche nach seiner Meinung noch gegenwärtig einen primitiveren Bau, als die Spinalnerven bewahrt haben sollen, und welche nur dorsale Wurzeln von gemischter Function besitzen;

---

1) 4. Vol. XI p. 432.

3. die Spinalnerven des Amphioxus, die nur mit dorsalen Wurzeln vom Rückenmark entspringen [1]).

Was das erste der angeführten Argumente betrifft, so beruht es, wie ich oben
ausführlich nachgewiesen zu haben glaube, auf einer falschen Voraussetzung; B a l f o u r
hat die erste Anlage der sensiblen Wurzel gar nicht gesehn, sondern einen Theil
der Anlage des Spinalganglion, welches letztere früher entsteht, als die ventrale
Wurzel, für die Anlage der dorsalen Wurzel gehalten. Dasselbe gilt für sein
zweites Argument; auch bei den Gehirnnerven hat B a l f o u r einzig und allein
die Anlagen der Ganglien beobachtet. Die Fasern dieser Nerven wachsen, wie
ich mich für einige Nerven wenigstens — allerdings nur bei einer flüchtigen
Untersuchung — am Hühnchen überzeugen konnte, erst nachdem die Ganglien sich
vom Rückenmark abgelöst haben, aus den ventralen und lateralen Theilen desselben
hervor. Ueberdies wäre es auch, falls B a l f o u r wirklich richtig beobachtet hätte,
durchaus nicht einzusehn, wie der Befund an den Hirnnerven zu Gunsten seiner Ansicht verwerthet werden könnte, da es wohl keinem Zweifel unterliegt, dass der Kopf
gegenüber dem Rumpf nicht ein primitiveres, sondern ein viel weiter umgebildetes
Verhalten besitzt. Unter allen Gehirnnerven haben, wie G e g e n b a u r gezeigt hat,
diejenigen, welche zum Vagusstamm zusammengetreten sind, in der Art ihrer peripheren
Verästelung noch am meisten ihr ursprüngliches Verhalten bewahrt; und gerade der
Vagus besitzt bei Selachiern nicht selten 2 bis 3 feine ventral entspringende
Wurzelfäden [2]). Hiernach scheint es mir viel wahrscheinlicher zu sein, dass die
ventralen und dorsalen Wurzeln bei den Hirnnerven, die proximal vom Vagus liegen,
sich mit einander vereinigt haben, als die B a l f o u r'sche Annahme, dass die ventrale
Wurzel vollständig fehlt. Der Befund beim Amphioxus bietet ebenfalls für die Ansicht von B a l f o u r keine Stütze; denn seine Angaben, dass der Amphioxus keine
ventralen Nerven besitzt, (eine Annahme welche er, auch noch in zwei späteren
Arbeiten [5 und 6] aufrecht zu erhalten bestrebt ist), sind nichts weniger als sicher gestellt. Nach Prof. S t i e d a 's [3]) Beobachtungen, welche im Wesentlichen von S c h n e i -
d e r [4]) bestätigt werden konnten, besitzt der Amphioxus Nerven, welche alternirend bald
dorsal, bald ventral entspringen. Ich glaube diese Angaben bestätigen zu können. Bei
Durchsicht von Querschnittserien ist es leicht zu constatiren, dass auf jeder Seite, ausser den
dicken in jedem 2. Körpersegment entspringenden dorsalen Nerven, in den zwischen-
liegenden Segmenten dünne, aus feinen Fibrillen bestehende Fädchen die Scheide des
Rückenmarks ventral und lateral durchbohren. Die Fibrillen dieser Fädchen kann
man eine Strecke weit zwischen die Längsfasern des Rückenmarks verfolgen. Diese
Fasern treten nicht in einem compacten Bündel aus, sondern sie sind, wie schon

---

1) 5. p. 689—692 und 6. p. 158.
2) Vergleiche G e g e n b a u r (19. p. 264—277 und 18 p. 521 f.). Bei den niedrigst organisirten
Selachiern, den Notidaniden, lassen sich sogar bis 4 ventrale Vaguswurzeln nachweisen.
3) 52 p. 46, 47.
4) 45 p. 15, 16.

S c h n e i d e r an Medullen gesehen hat, die mit ihren Nerven durch Behandlung mit Salpetersäure isolirt waren, auf eine ziemlich grosse Strecke vertheilt. Nachdem diese Fasern die Scheide des Medullarrohrs durchsetzt haben, verlaufen sie in dem mächtigen, seitlich der Chorda anliegenden Bindegewebe und verlieren sich zwischen den Fasern desselben. Die weitere periphere Ausbreitung dieser Fasern habe ich nicht verfolgen können, doch halte ich es für wahrscheinlich, dass sie ihrer Lage und Beschaffenheit nach nichts anderes sind, als ventrale. Nerven.

Nach dem eben Dargelegten scheint mir die Ansicht am Wahrscheinlichsten, dass die Vorfahren der Wirbelthiere gesonderte dorsale und ventrale Nerven besessen haben, von denen die ersteren sensibel, die letzteren motorisch waren und die sich später zu gemischten Stämmen vereinigt haben.

Wenn eine von F r e u d [1]) gemachte Entdeckung sich bestätigen sollte, so hat der von mir vorausgesetzte primitive Zustand sich bei einem der niedrigst organisirten Wirbelthiere erhalten. Im Schwanztheil von Petromyzon fluviatilis sollen nämlich die ventralen und die dorsalen Wurzeln der Spinalnerven sich nicht zu gemeinsamen Stämmen vereinigen, sondern getrennt zur Peripherie verlaufen.

Den Befund beim Amphioxus wage ich nicht für meine Ansicht zu verwerthen. Wenn auch das Nervensystem desselben durch den Nachweis von ventralen Wurzeln nicht mehr so vollkommen abweichend von dem der übrigen Wirbelthiere gebaut erscheint, so sind an ihm doch noch genug Besonderheiten vorhanden, um keinen Vergleich zu gestatten. Ich will nur an den Umstand erinnern, dass der Amphioxus für jedes Muskelsegment nur einen Nerven, entweder einen dorsalen oder einen ventralen, besitzt.

Die eben vertretene Anschauung über den ursprünglichen Zustand der Spinalnerven würde es auch verständlich machen, warum jeder Nerv mit 2 Wurzeln vom Rückenmark entspringt und warum die dorsale Wurzel sensibel und die ventrale motorisch ist. Eine physiologische Ursache zu einem solchen Verhalten ist nicht vorhanden und es ist dasselbe nur dann zu erklären, wenn man in den Wurzeln der Spinalnerven den letzten unverschmolzenen Rest zweier mit einander vereinigter Nerven sieht. Dass die natürlichste Lage der sensiblen Nerven eine dorsale gewesen ist, scheint mir ebenfalls klar zu sein, wenn man berücksichtigt, dass ein sensibler Nerv nur in Beziehung zur äusseren Bedeckung des Körpers entstanden sein kann. Aehnliches gilt für den motorischen Nerven, welcher im Anschluss an das ursprünglich entodermale Muskelsystem der Wirbelthiere nothwendig ventral sich entwickelt haben muss.

---

1) 15 p. 153.

Literaturverzeichniss.

1. K. E. v. Baer. Ueber die Entwickelungsgeschichte der Thiere. Königsberg. Th. I. 1828, Th. II. 1837.
2. F. M. Balfour. A preliminary account of the development of the Elasmobranch fishes. Quarterl. Journal of Microsc. Science. 1874.
3. F. M. Balfour. The development of nerves in Elasmobranch fishes. Philosophic. Transact. 1876.
4. F. M. Balfour. The development of Elasmobranch fishes. Journal of Anatom. and Physiol. Vol. X, XI und XII. 1876, 1877, 1878.
5. F. M. Balfour. On the spinal nerves of Amphioxus. Journal of Anatom. and Physiol. Vol. X. 1876·
6. F. M. Balfour. On the spinal nerves of Amphioxus. Quarterly Journal of Microscop. Science. Vol. XX. 1880.
7. F. M. Balfour and F. Deighton. A renewed study of the germinal layers of the chick. Quarterl. Journ. of Microsc. Science. 1882.
8. E. v. Beneden. De la distinction originelle du testicule et de l'ovaire. Bulletins de l'Académie royale de Belgique. 2. série. T. XXXVII. 1874.
9. Bidder und Kupffer. Untersuchungen über die Textur des Rückenmarks und die Entwickelung seiner Formelemente. Leipzig 1857.
10. M. Braun. Vorläufige Mittheilung über die Entwickelung der Nebennieren bei Reptilien. Carus Zoologischer Anzeiger, Bd. II. 1879.
11. M. Braun. Bau und Entwickelung der Nebennieren bei Reptilien. Arbeiten aus dem zool.-zootom. Institut in Würzburg. Bd. V. 1879.
12. E. Calberla. Zur Entwickelung des Medullarrohrs und der Chorda dorsalis der Teleostier und Petromyzonten. Morpholog. Jahrbuch. Bd. III. 1877.
13. C. Claus. Studien über Polypen und Quallen der Adria. Th. I. Denkschriften der kaiserl. Academie der Wissensch. in Wien. Mathemat.-naturwissensch. Classe. Bd. 38. 1877.
14. Th. Eimer. Zoologische Studien of Capri. Th. I. Ueber Beroe ovatus. Leipzig 1873.

6*

15. S. F r e u d. Ueber Spinalganglien und Rückenmark des Petromyzon. Sitzungs-
    berichte der kaiserl. Acad. der Wissensch. in Wien. Mathemat.-naturw.
    Klasse. Bd. 78. 1879.
16. G a s s e r. Der Primitivstreifen bei Vogelembryonen. Cassel 1879.
17. C. G e g e n b a u r. Grundriss der vergleichenden Anatomie. Leipzig 1874.
18. C. G e g e n b a u r. Die Kopfnerven von Hexanchus. Jenaisch. Zeitschr. für
    Naturwiss. Bd. VI. 1872.
19. C. G e g e n b a u r. Das Kopfscelet der Selachier. Leipzig 1872.
20. A. G ö t t e. Die Entwickelungsgeschichte der Unke. Leipzig 1875.
21. V. H e n s e n. Zur Entwickelung des Nervensystems. Virchow's Archiv. Bd.
    XXX. 1864.
22. V. H e n s e n. Ueber die Entwickelung der Gewebe und der Nerven im Schwanze
    der Froschlarve. Virchow's Archiv. Bd. XXXI. 1864.
23. V. H e n s e n. Beobachtungen über die Befruchtung und Entwickelung des Ka-
    ninchens und Meerschweinchens. Zeitschrift f. Anatomie und Entwicke-
    lungsgesch. Bd. I. 1876.
24. O. und R. H e r t w i g. Das Nervensystem und die Sinnesorgane der Medusen.
    Leipzig 1878.
25. O. H e r t w i g. Die Entwickelung des mittleren Keimblattes der Wirbelthiere.
    Jenaische Zeitschr. f. Naturw. Bd. XV. 1881.
26. W. H i s. Die Häute und Höhlen des Körpers. Academisches Programm.
    Basel 1865.
27. W. H i s. Untersuchungen über die erste Anlage des Wirbelthierleibes. Die
    erste Entwickelung des Hühnchens im Ei. Leipzig 1868.
28. W. H i s. Ueber die Anfänge des peripherischen Nervensystems. Archiv f.
    Anatom. und Entwickelungsgesch. 1879.
29. N. K l e i n e n b e r g. Hydra. Leipzig 1872.
30. A. K ö l l i k e r. Entwickelungsgeschichte des Menschen und der höheren Thiere.
    Zweite Auflage. Th. II. Leipzig 1879.
31a. A. K ö l l i k e r. Icones histiologicae. Leipzig 1864—66.
31. A. K ö l l i k e r. Note sur le développement des tissus chez les batraciens. Annales
    des sciences naturelles. 3 série. T. VI. 1864.
32. A. K ö l l i k e r. Handbuch der Gewebelehre des Menschen. Vierte Auflage.
    Leipzig 1867.
33. A. K ö l l i k e r. Die Entwickelung der Keimblätter des Kaninchens. Aus der
    Festschrift zur Feier des 300jährigen Bestehens der Universität zu Würz-
    burg. Leipzig 1882.
34. A. K o w a l e w s k y. Weitere Studien über die Entwickelung des Amphioxus
    lanceolatus. Archiv f. microsc. Anatomie Bd. XIII. 1877.
35. O. K u p f f e r. Beobachtungen über die Entwickelung der Knochenfische. Archiv
    für microsc. Anatomie. Bd. IV 1868.

36. A. Milne Marshall. On the early stages of development of the nervs in birds. Journ. of Anatom. and Physiol. Vol. XI. 1877.

37. A. Milne Marshall. The development of the cranial nerves in the chick. Quarterly Journal of Microscop. Science. 1878.

38. Fritz Müller. Für Darwin. Leipzig 1864.

39. R. Remak. Ueber die Entwickelung des Hühnchens im Ei. Müller's Archiv. 1843.

40. R. Remak. Ueber ein selbstständiges Darmnervensystem. Berlin, 1847.

41. R. Remak. Untersuchungen über die Entwickelung der Wirbeltbiere. Berlin, 1850—1855.

42. В. Заленскій. Исторія развитія стерляди (Accipenser ruthenus). Труды общества естествоиспытателей при Казанск. Университетъ. Т. VII. Вып. 3. Часть I, 1878, Часть II. 1880.

43. L. Schenk. Die Entwickelungsgeschichte der Ganglien und des Lobus electricus. Sitzungsberichte der kaiserl. Academ. d. Wissensch. in Wien. Mathem.-naturwiss. Classe. Bd. 74. 1876.

44. L. Schenk und Birdsall. Die Entwickelung des Sympathicus. Mittheil. aus dem embryolog. Institut in Wien. Bd. I. 1879.

45. A. Schneider. Beiträge zur Anatomie und Entwickelungsgeschichte der Wirbelthiere. Giessen 1879.

46. M. Schulze Die Entwickelungsgeschichte von Petromyzon Planeri. Haarlem 1856.

47. F. E. Schulze. Ueber den Bau und die Entwickelungsgeschichte der Cordylophora lacustris. Leipzig 1871.

48. F. E. Schulze. Ueber den Bau von Syncoryne Sarsii. Leipzig, 1873.

49. W. B. Scott. Beiträge zur Entwickelungsgeschichte der Petromyzonten. Morphol. Jahrb. Bd. VII. 1881.

50. W. B. Scott and H. F. Osborn. On some points in the early development of the common newt. Quarterl. Journ. of Microscopic. Science.

51. C. Semper. Das Urogenitalsystem der Plagiostomen. Arbeiten aus dem zool.-zoot. Institut in Würzburg. Bd. II. 1875.

52. L. Stieda. Studien über den Amphioxus lanceolatus. Mémoires de l'Académie des Sciences à St. Pétersbourg. Série VII. Tome XIX, 1873.

53. W. Wolff. Ueber die Keimblätter des Huhnes. Archiv f. microsc. Anatomie. Bd. XXI, 1882.

Erklärung der Abbildungen.

Die Contouren der Abbildungen sind mit dem Zeichenprisma meist bei Obj. 5, Hartnack entworfen worden; die Details wurden bei Obj. 7 und, wenn es nöthig war, bei Obj. 9. 1mm. eingezeichnet. Die Vergrösserung wurde bestimmt durch directes Messen der Abbildung und Vergleichung mit dem vermittelst des Ocularmicrometer gemessenen Object.

Die Buchstaben bedeuten für alle Figuren: Hbl. = Hornblatt; Mr. = Medullarrohr: Gl. = Spinalganglion; Uw. = Urwirbel; Ch. = Chorda dorsalis; Mp. = Muskelplatte; Isg. = Intersegmentale Gefässe; Eu. = Entoderm; Ao = Aorta; Dw. = Dorsale Nervenwurzel; Vw. = Ventrale Nervenwurzel.

Tafel I.

Fig. 1. Querschnitt von einem 13 Tage alten Embryo von Petromyzon; Haematoxylinpräparat. Die Dotterplättchen, welche die Zellen dicht anfüllen, sind auf der Zeichnung der grösseren Deutlichkeit wegen weggelassen.

Fig. 2. Querschnitt von einem 15 Tage alten Embryo von Petromyzon. Haematox. Die Dotterplättchen sind nicht gezeichnet.

Fig. 3. Querschnitt von einem Petromyzon 2 Tage nach dem Ausschlüpfen (20 Tage nach der Befruchtung). Vornierenregion. Haematox.

Fig. 4. Querschnitt von einem 18 Tage alten Embryo, um die erste Anlage der ventralen Wurzel zu zeigen. Haematox.

Fig. 5. Querschnitt von einem Petromyzon 4 Tage nach dem Ausschl. Haematox.

Fig. 6. Querschnitt von einem Petromyzon 5 Tage nach dem Ausschl. Haematox.

Tafel II.

Fig. 7. Querschnitt von einem Eidechsenembryo mit noch rinnenförmigem Darm, welcher aber im vorderen Abschnitt eine Darmpforte besass. Die Allantois ist schon ziemlich gross, bläschenförmig. Eosinpräparat.

Fig. 8. Querschnitt von demselben Embryo, etwas weiter nach vorne.

Fig. 9. Querschnitt von einem etwas älteren Embryo aus dem mittleren Rumpftheil. Eosinfärbung.

Fig. 10. Querschnitt von einem anderen Eidechsenembryo desselben Stadium. Eosin.

Fig. 11. Querschnitt von einem noch älteren Embryo (dessen Beschreibung siehe im
         Text). Mittlerer Rumpftheil. Haematoxylinpräparat.

Fig. 12. Querschnitt von dem Embryo, welchem Fig. 9 entnommen ist, aus dem
         vorderen Rumpftheil. Eosinfärbung.

Fig. 13. Querschnitt von einem Embryo mit vollkommen geschlossenem Darmkanal.
         Haematox.

Fig. 14. Querschnitt von einem noch älteren Eidechsenembryo mit schaufelförmigen
         Extremitäten. Mittlerer Rumpftheil. Haematox.

Fig. 15. Frontalschnitt von einem Eidechsenembryo, welcher ungefähr so alt ist, wie
         der Embryo welchem Fig. 12 entnommen ist. Hinterer Rumpfabschnitt.
         Haematox.

Fig. 16. Querschnitt von einem Hundeembryo, mit noch weit offenem Darm. Aus
         dem hintersten Abschnitt. Carminpräparat.

Fig. 17. Querschnitt von demselben Embryo, etwas weiter nach vorne.

Fig. 18. Querschnitt von demselben Embryo; aus dem mittleren Rumpftheil.

Fig. 19. Querschnitt aus dem hinteren Abschnitt eines Hechtembryo, welcher sich eben
         in seiner ganzen Länge kielförmig über das Niveau der Keimhaut erhoben
         hatte, und dessen Dotterloch schon geschlossen war. Eosinpräparat.

Thesen.

1) Die Keimblätter sind morphologische Primitivorgane.

2) Die vordere Extremität ist gegenüber der hinteren, als die weniger umgebildete zu betrachten.

3) Die Carcinome nehmen ihren Ursprung stets nur von wahren Epithelien.

4) Nur ein ganz geringer Theil der pathologischen Missbildungen kann auf entwickelungsgeschichtlichem Wege erklärt werden.

5) Die Furcht vor Morphiumsucht ist in hohem Grade übertrieben.

6) Das coursirende Papiergeld ist ein Träger von Iufectionsstoffen.

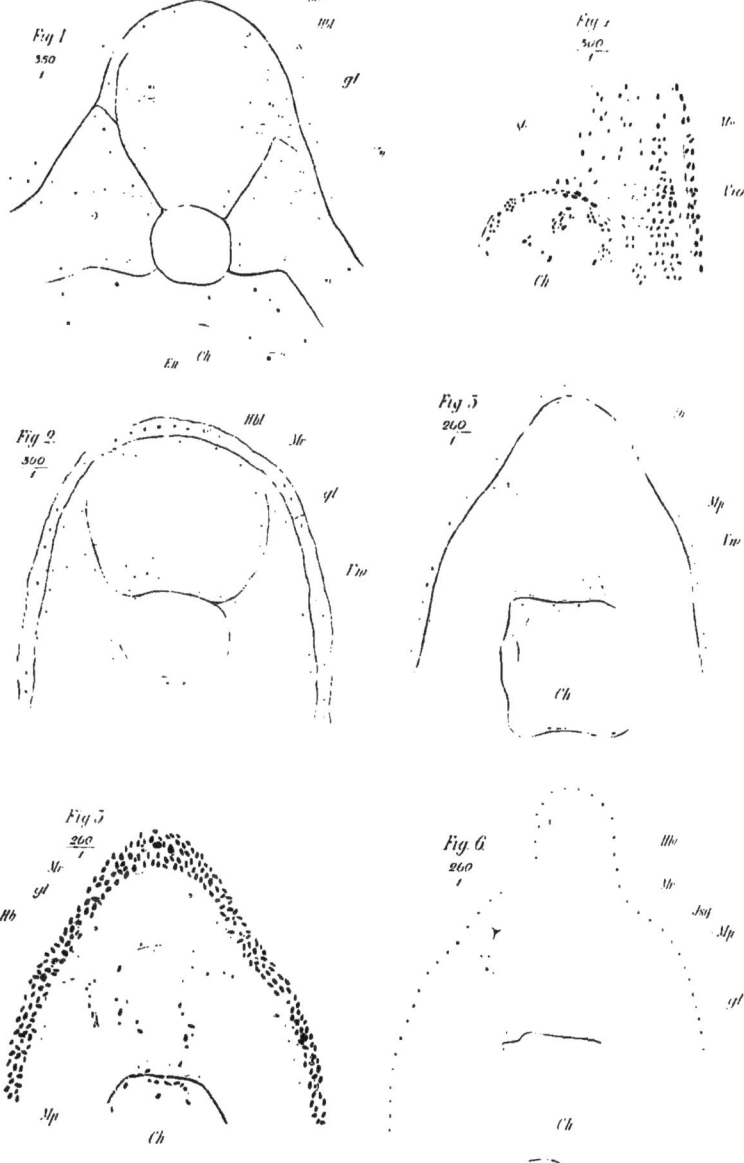

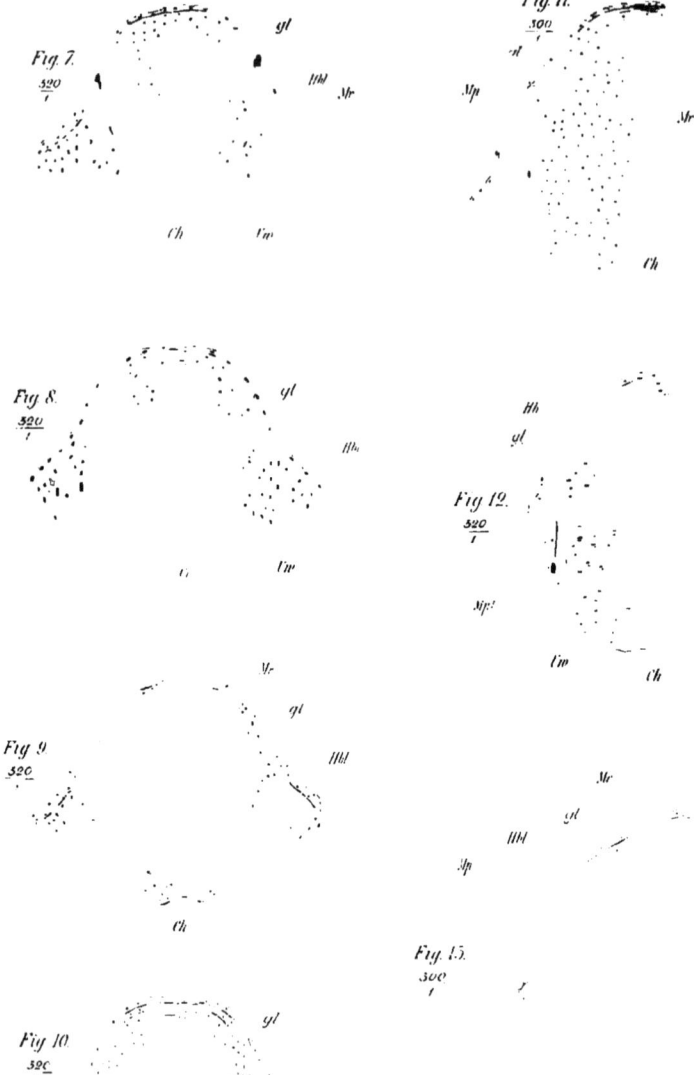

Fig 7.
$\frac{520}{1}$

gl

Hbl *Mr*

Ch *Cw*

Fig. 11.
$\frac{500}{1}$

Mp

Mr

Ch

Fig 8.
$\frac{520}{1}$

gl

Hbl

G *Cw*

Hh
gl

Fig 12.
$\frac{520}{1}$

Mp

Cw *Ch*

Fig 9.
$\frac{520}{1}$

Mr

gl

Hbl

Ch

Mr

gl

Hbl

Mp

Fig. 15.
$\frac{500}{1}$

Fig 10.
$\frac{520}{1}$

gl

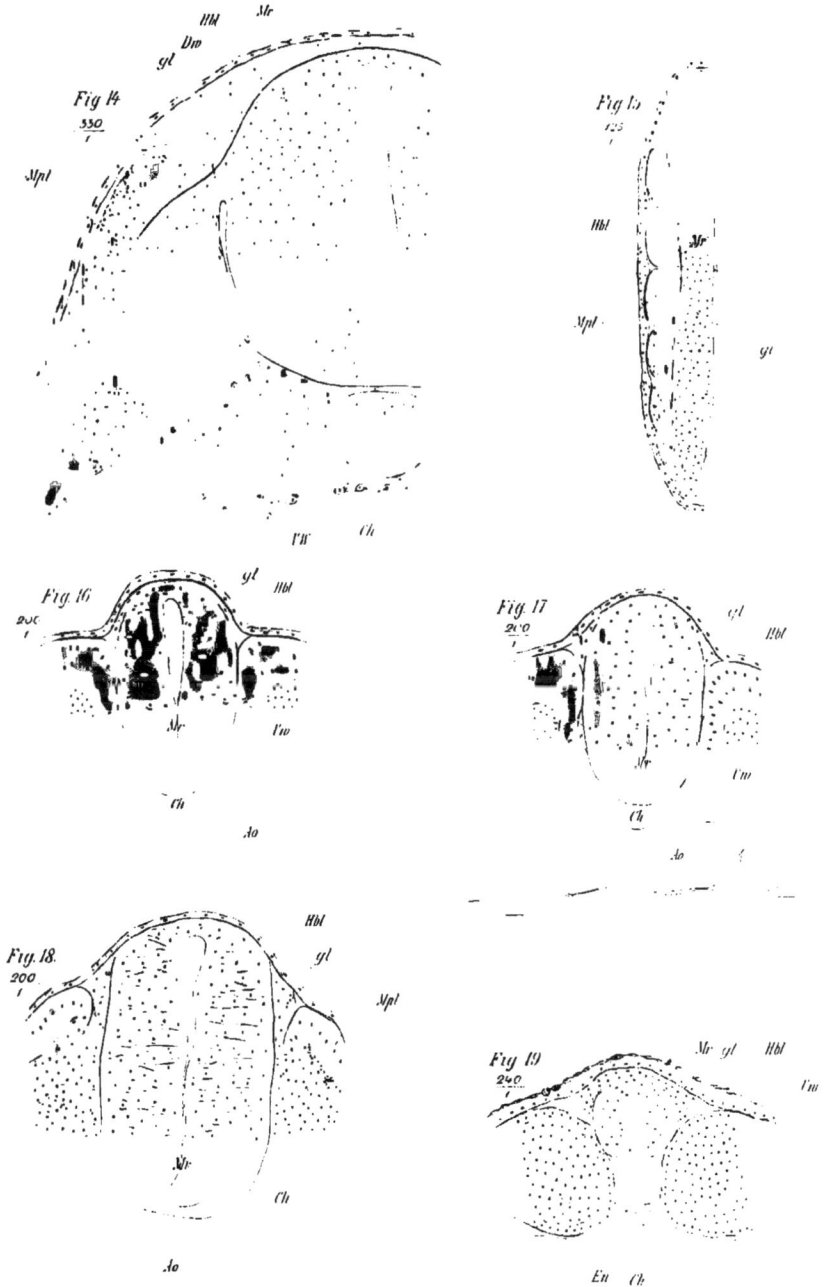

Fig 14.
330

Fig 15.
125

Fig 16.
200

Fig 17.
200

Fig 18.
200

Fig 19.
240